Filosofía y Sociedad Hoy

Una conversación

(Humanidades, 2)

Filosofía y Sociedad Hoy

Una conversación

Gabriel Amengual Coll
Ronald Beiner
Mauricio Beuchot Puente
John Dunn
Otfried Höffe
María Pía Lara Zavala
Sergio Pérez Cortés
Francisco Piñón Gaytán
Viridiana Platas Benítez
Jorge Rendón Alarcón
Roberto R. Aramayo
Gabriel Vargas Lozano

CoNtRaStE

Primera edición, 2017
© Gabriel Amengual Coll, Ronald Beiner, Mauricio Beuchot Puente, John Dunn, Otfried Höffe, María Pía Lara Zavala, Sergio Pérez Cortés, Francisco Piñón Gaytán, Viridiana Platas Benítez, Jorge Rendón Alarcón, Roberto Rodríguez Aramayo, Gabriel Vargas Lozano. Por la traducción © Francisco Iracheta Fernández, Suzanne Islas Azaïs
© Contraste Editorial S. A. de C. V.
I. Ramírez 4, Chilpancingo, Guerrero, 39000
www.contrasteed.jimdo.com/**facebook/linkedin**
Contacto: contrasteeditorial@hotmail.com
Diseño de la portada: © Arq. Juan Carlos Rendón Alarcón
Imagen de la portada: detalle del cuadro "Giros" de René Villalobos
ISBN 978-607-96120-9-2

Índice

Por lo que concierne al individuo, cada uno es, sin más,
hijo de su tiempo; y, también, la *Filosofía
es el propio tiempo aprehendido con el pensamiento*.
(GWF Hegel, *Prólogo a la Filosofía del Derecho*)

Presentación

Convocados de manera independiente para responder vía correo electrónico un breve cuestionario en torno a la situación y perspectivas de la filosofía contemporánea, los profesores-doctores aquí reunidos terminan por desarrollar ante el lector, en realidad, una conversación. Se trata, en sentido estricto, de una conversación filosófica, es decir, de una conversación crítica, propositiva y comprometida con los más altos valores humanos. En los tiempos que corren, la razón de lo anterior debiera resultar evidente: la encrucijada moral y política que vivimos reclama reflexión profunda y, sobre todo, respuestas audaces.

Así, al llamado a integrar un libro en torno al estado actual de la filosofía que fuera al mismo tiempo diálogo, memoria y diagnóstico, respondió de manera entusiasta un grupo de destacadas voces filosóficas de nuestro tiempo: Gabriel Amengual Coll, Ronald Beiner, Mauricio Beuchot Puente, John Dunn, Otfried Höffe, María Pía Lara Zavala, Sergio Pérez Cortés, Francisco Piñón Gaytán, Viridiana Platas Benítez, Jorge Rendón Alarcón, Roberto Rodríguez Aramayo y Gabriel Vargas Lozano. Si bien, como el propio profesor Beiner hace énfasis en su colaboración, la filosofía no tiene ciudadanía y supone más bien una vocación universal, esta muestra de profesores de Alemania, España, Canadá, Reino Unido y México resulta representativa de las preocupaciones comunes que hoy en día atañen a esta disciplina del pensamiento. Las preguntas planteadas, como podrá verse enseguida, tienen que ver con la filosofía del siglo XX, las perspectivas de la reflexión filosófica en un mundo signado por la realidad virtual, el escepticismo generalizado y de Estados nacionales que tienden a cerrarse y, por último, la situación de la filosofía en su país y sus propias preocupaciones intelectuales actuales.

Cabe señalar que hemos decidido organizar las respuestas recibidas sin necesidad de volver a presentar las preguntas y tan solo señalando el número al que corresponde, excepción hecha de los profesores Dunn y Pérez Cortés, quienes decidieron enviarnos su colaboración en términos de un testimonio general de su experiencia filosófica. En ambos casos el lector no tendrá dificultades para encontrar también allí las respuestas a nuestras preguntas. En la mayoría de las colaboraciones, como editores nos hemos tomado además la libertad de organizar el índice destacando la idea que en términos generales consideramos sintetiza la perspectiva filosófica del autor en cuestión.

Toda disciplina del pensamiento de cuando en cuando se detiene para reconsiderar sus presupuestos y modificarlos o reafirmarlos. Los grandes descubrimientos científicos, por ejemplo, siempre representan un hito renovador en las llamadas ciencias de la naturaleza. Con respecto a las ciencias del espíritu lo anterior ocurre con (y contribuye también a) los cambios de época. En este caso, nuestra preocupación en torno al presente y futuro de la filosofía tiene que ver con las condiciones actuales que tiene que enfrentar esta forma de reflexión: un mundo social donde parecen imponerse los dictados del yo, el pensamiento no elaborado y un tiempo humano que parece volcado al presente y ajeno a toda permanencia. La influencia de la tecnología y las nuevas formas de comunicación acelerada son desde luego un factor importante en esta experiencia y representan un reto para una forma del pensamiento -la filosofía- que solo puede desplegarse con efectividad en los tiempos largos y desde las sustancias humanas.

El cierre político del siglo XX significó, por otra parte, el fin de las ideologías, pero también -nos parece- de toda utopía y, con ello, de aspiraciones humanas legítimas. Se canceló así, como afirma la profesora Lara, "la idea de futuro". Lo anterior en nombre, por un lado, de supuestas realidades políticas establecidas, pero además -tenemos que señalarlo- como resultado de la exigencia de una *asepsia* del pensamiento que terminó por vaciarlo de contenido humano. Ocupadas sobre todo en los métodos y procedimientos más que en los contenidos, algunas de las corrientes filosóficas más destacadas del siglo terminaron por constituirse, creemos, en un reto para la reflexión misma.

Las reflexiones aquí presentadas terminan en todos los casos por rebasar el ámbito de la disciplina meramente académica para adentrarse en el presente y futuro de las sociedades actuales. Y es que, en efecto, si bien la literatura indaga en el alma de los seres humanos y las sociedades, la filosofía lo hace en sus razones, de forma tal que las voces filosóficas aquí reunidas terminan inevitablemente por expresar también su preocupación por la crisis política y moral que vivimos y se plantean posibles formas de enfrentarla. La actitud, en todos los casos, es una actitud filosófica. Como bien se sabe el propio Kant, sin duda uno de los filósofos más ocupados en lo relacionado con el rigor y la sistematicidad de la disciplina, en alguna ocasión señaló que las preguntas de la filosofía (¿Qué puedo saber? ¿Qué debo hacer? ¿Qué cabe esperar?), en realidad podían resumirse en una sola: ¿Qué es el hombre? La filosofía es pues en primer lugar, y sobre todo, autoconocimiento.

Luego de un siglo violento y enfrentado ideológicamente que ha dado lugar al desencanto ciudadano, la crisis de las democracias y la quiebra moral que vivimos, urge recuperar los derechos de la razón para empezar a construir un mundo distinto. Habrá de ser una razón que, por supuesto, aprenda de la experiencia del siglo XX pero que, al mismo tiempo, sea capaz de recuperar su capacidad crítica y la confianza en sí misma con el objetivo de hacer valer una reflexión trascendental de carácter humano.

Por último, un libro como éste, una idea concebida en México y cuyo tema central es el presente y futuro de la filosofía, no puede dejar de tener presente al Dr. Luis Villoro, cuya autenticidad intelectual y diálogo valiente con los clásicos del pensamiento filosófico es y seguirá siendo un ejemplo para todos quienes desde este país aspiran a desempeñarse en la disciplina. Villoro, como recordamos, también se ocupó del futuro de la filosofía y al respecto señaló en 1993: "El siglo XXI será, sin duda, el de un nuevo pensamiento ético". Esta afirmación, lejos de ser un sueño de la razón, tenía su sustento en la idea práctica con la que Villoro cierra su reflexión en ese mismo texto: "Porque si ha de advenir una nueva época, tendrá el rostro que nosotros mismos proyectemos".[1]

No podemos concluir estas líneas sin reiterar nuestro profundo agradecimiento a todos y cada uno de los destacados pensadores que aceptaron nuestra invitación a colaborar y han hecho posible el presente libro.

Suzanne Islas Azaïs
Contraste Editorial

---

[1] "Filosofía para un fin de época", *Nexos*, México, mayo de 1993.

Preguntas

1. ¿Cuál es su balance de la filosofía del pasado siglo XX?

2. En un mundo como el actual signado por la realidad virtual, el escepticismo generalizado y de Estados nacionales que tienden a cerrarse para enfrentar las crisis alejándose así de la idea kantiana de una sociedad cosmopolita, ¿Qué lugar considera usted que tiene la reflexión filosófica? Y, en este sentido, ¿Cuáles cree que deben ser los temas, autores y problemas de los que preponderantemente tendría que ocuparse la filosofía en este siglo XXI?

3. ¿Podría usted ofrecernos una idea de la situación de la filosofía en su país?

4. ¿Cuáles son sus preocupaciones y proyectos filosóficos actuales?

Filosofía y evolución social

Gabriel Amengual Coll[*]

1. Cuando a finales de los años sesenta del siglo XX José Ferrater Mora (1912-1991) quiso trazar el panorama de la filosofía de mediados de siglo XX,[1] lo hizo usando aquella metáfora de los tres continentes, cada uno de los cuales se dedicaba al cultivo de una determinada forma de filosofía: el europeo, dedicado a la fenomenología; el soviético, al marxismo; y el angloamericano a la filosofía analítica.

Recuerdo que para unas jornadas de filosofía a principios del siglo XXI me pidieron que hablara sobre el "Futuro de la filosofía" e hice alusión a este panorama trazado por Ferrater. En aquel momento afirmé que "la clasificación, si no totalmente exacta, era, no obstante, sugerente y reflejaba unas grandes líneas, aunque existían posibles contaminaciones y trasvases de un continente a otro y que esta clasificación, en cambio, ya dice muy poco sobre la situación de hoy, no sólo porque las fronteras entre estos continentes se han vuelto borrosas, sino porque los continentes se han desfigurado o hasta han desaparecido. La filosofía marxista, si queda, es más bien residual, en todo caso, presente como telón de fondo, como es el caso de la Escuela de

---

[*] Universitat de les Illes Balears.

[1] FERRATER MORA, José. *La filosofía actual*. Madrid: Alianza, 1969, esp. Parte II, pp. 115-153. En realidad esta obra es en gran parte una edición corregida y aumentada del escrito *Philosophy today. Conflicting tendencies in contemporary thought*. New York: 1960, que ya había sido traducido al castellano con el título *La filosofía en el mundo de hoy*. Madrid: 1963, y reproducido en *Obras Selectas*. vol. 2. Madrid: Revista de Occidente, 1967, pp. 11-171.

Frankfurt, que hoy posiblemente es más estudiada dentro del nuevo departamento de pensamiento judío que no dentro del marxista. De la filosofía analítica no se puede decir que no exista, pero ya tan mezclada con la hermenéutica, la literatura o la ciencia, que ya poco tiene de aquella analítica primera, sobria y austera, precisa y desconfiada, rigurosa y cazafantasmas, más cerca de la sintaxis y, por tanto, de la lógica que de la semántica y la pragmática, a la que finalmente la condujo el mismo Wittgenstein en su segunda época. La fenomenología seguramente es la que sigue más firme, aunque también con derivaciones hermenéuticas de todo tipo, derivaciones metafísicas y anti-metafísicas, existenciales y lingüísticas, irenistas y deconstructoras".[2]

Actualmente me inclino a pensar que el esquema de Ferrater sigue siendo sugerente por el esfuerzo de esquematizar y trazar compendiosamente unas líneas generales de todo el panorama y cuáles son las fuentes de las que se nutren las diferentes corrientes, obviamente enriquecidas por la conexión con otros afluentes y otros campos. Lo único que varía es que todos estos continentes se han visitado y revisitado por sus respectivos vecinos foráneos, se han establecido conexiones y préstamos, de modo que cada continente se ha transformado desde dentro. Ya en aquel momento Ferrater los presentaba no como islas, sino como continentes o imperios con fronteras borrosas, a veces incluso muy porosas, como en el caso del continente europeo, en comunicación de unos con otros, y que ninguno de ellos -quizás con la excepción de la URSS- tenía un monocultivo en exclusiva.

---

[2] AMENGUAL, Gabriel, "El futuro de la filosofía", in: MURILLO, Ildefonso (ed.). *Actualidad de la Tradición Filosófica*. Madrid: Diálogo Filosófico/Publicaciones Claretianas, 2010, pp. 331-346, cita p. 333.

En concreto la filosofía analítica ha dejado de pretender aclarar el lenguaje mediante la sintaxis y la lógica y se ha abierto a la complejidad del lenguaje y especialmente a la pragmática e, incluso, a la hermenéutica. Además ha llevado a cabo una profundización en su cercanía con la ciencia; es sin duda la corriente filosófica que se presenta más cercana a la ciencia, de modo que los filósofos de la ciencia son prácticamente todos analíticos, como si éste fuera el único modo de acercarse a la ciencia, lo cual va en perjuicio de la filosofía de la ciencia, de la ciencia y de la filosofía en general. En tercer lugar la filosofía analítica se ha abierto a los clásicos, tanto los de la antigüedad como a los modernos. En el caso de Hegel puede decirse que se ha establecido un nuevo modo de estudiar a este autor, procedente del mundo analítico, cuyo nombre más emblemático es seguramente Robert Brandon. Si ello se compara en cómo Hegel era (o pudiera ser) visto por Bertrand Russell o Alfred Julius Ayer, se hace patente la distancia entre un punto de vista y otro, aunque todos sean inconfundiblemente analíticos.

El marxismo, por su parte, ha dejado de tener una dogmática definida y controlada por una autoridad central y se estudia tomando de él inspiraciones más o menos parciales, abandonando tesis que antaño se hubieran definido como irrenunciables, aplicándolo a campos distintos. Quizás incluso se le estudie más desde otras escuelas, como la de Frankfurt o Walter Benjamin, marxistas no siempre ortodoxos. En este sentido el marxismo aparece de manera larvada, oculta, se hace uso de argumentos suyos, pero no su cuerpo de doctrina; quizás pueda decirse que ha dejado de ser un cuerpo teórico para convertirse en un elemento de la cultura general, aunque ello signifique un debilitamiento de sus posiciones. Entre estas nuevas recepciones cabe señalar la constatación que la teoría marxista es muy rica en crítica de la sociedad y de su economía (la sociedad civil), en cambio es muy pobre su teoría del Estado,[3] y no solo su política sino también su ética.[4] Este último problema ha llevado a establecer una clara separación en el progreso de las fuerzas productivas y el progreso moral, separación que está en la base de todo el desarrollo de la teoría comunicativa de Jürgen Habermas.[5]

Dado que ya se han mencionado cabe señalar la buena salud que goza el estudio sobre la Escuela de Frankfurt, especialmente Adorno y Benjamin, aunque de este último no pueda decirse que perteneciera a dicha Escuela, a pesar de los estrechos vínculos de amistad y de pensamiento especialmente

---

[3] AMENGUAL, Gabriel, "De la Filosofía del Derecho a la Crítica Social. Acerca de la 'Crítica a la Filosofía del Estado de Hegel' (1843) de K. Marx", in: *Sistema* 91 (1989), 107-121.

[4] De entre la bibliografía sobre el tema cabe destacar ANGEHRN, Emil/ LOHMANN, Georg (Hrsg.). *Ethik und Marx. Moralkritik und normative Grundlagen der Marxischen Theorie*. Königstein/Ts.: Hain/Athenäum, 1986; BOBBIO, Norberto, "Democracia representativa y teoría Marxista del Estado", in: *Sistema* 16 (1977), 3-31; CERRONI, Umberto/Ralph MILIBAND/Nicos POULANTZAS/Ljubomir TADIC. *Marx. El Derecho y el Estado*. Introducción, selección, traducción y adaptación de J. R. Capella. Barcelona: Oikos-Tau, 1979; DÍAZ, Elías, "Marx y la teoría Marxista del Derecho y del Estado", in: *Sistema*, núm. 38-39 (1980), 29-66; GARCÍA COTARELO, Ramón, "Sobre la extinción del Estado", in: *Sistema* 38-39 (1980), 67-95; ID., "Sobre la teoría Marxista del Estado", in: *Sistema* 20 (1977), 3-31; PAUL, Wolf, "¿Existe la teoría Marxista del derecho?", in: *Sistema* 33 (1979), 65-84; POULANTZAS, Nicos/Jean-Pierre COIN. *Para un análisis Marxista del Estado*. Valencia: Pre-Textos, 1978.

[5] Esta separación se retrotrae al menos al escrito HABERMAS, Jürgen, "Arbeit und Interaktion. Bemerkungen zu Hegels Jenenser 'Philosophie des Geistes'", in: ID., *Technik und Wissenschaft als 'Ideologie'*. Frankfurt a.M: Suhrkamp, 1971, pp. 9-47; vers. cast.: "Trabajo e interacción. Notas sobre la filosofía hegeliana del período de Jena", in: *Ciencia y técnica como 'ideología'*. Traducción de M. Jiménez y M. Garrido. Madrid: Tecnos, 1986, pp. 11-51.

con Adorno y Horkheimer y de que colaborara con la revista del Instituto de Investigación Social. Es verdad que ambos autores se encuentran también en la nómina de los Estudios Judíos, pero sin duda también por su pensamiento marxista.

Creo que cabe añadir un *ítem* nuevo y quizás propio del siglo XX, a saber, la filosofía de inspiración judía. Algunos autores casi cabría calificarlos como pensadores judíos, o incluso teólogos judíos como Martin Buber, Franz Rosenzweig y Emil L. Fackenheim, pero que también hacen incursiones en el campo estrictamente filosófico y además inspiran a otros pensadores judíos, estrictamente filósofos, como es el caso de Hermann Cohen, Walter Benjamin, todos los componentes de la Escuela de Frankfurt, desde Adorno y Horkheimer hasta Habermas, con sus diferentes colaboradores, Jacob Taubes. Se ha dicho que la religión que en siglo XX más ha influido en la filosofía ha sido el judaísmo. Ello es patente en autores como Emmanuel Lévinas. Este pensamiento judío filosófico se extiende a todas las ramas de la filosofía, pero especialmente al que se refiere a la historia y la memoria, la culpa y el perdón, crítica social y de la cultura, la ética radicada en el otro y abocada a él.

Finalmente quisiera reseñar la fenomenología, una corriente propia del siglo XX, que nace con él y se ha desplegado a lo largo de todo el siglo con una admirable creatividad. Quizás por su misma estructura, de ser más bien un método que un contenido, ha tenido muy fácil el diálogo con otras corrientes: tanto con la filosofía analítica como con el marxismo, e incluso con la escolástica, cuya presencia, si alguna queda en el siglo XX, va unida a la fenomenología. Su enorme creatividad ya se hace manifiesta en sus mismos orígenes, dando lugar a posiciones como la de Max Scheler y la de Alfred

Schütz, que introdujo la fenomenología en las ciencias sociales; una primera ruptura -o quizás se la pueda considerar una radicalización y aplicación a la metafísica- fue el giro que le dio Martin Heidegger. Otro giro, ya iniciado por el mismo Heidegger y formulado por Hans-Georg Gadamer, es el hermenéutico; dentro de este giro cabe situar la obra de Paul Ricoeur. En Francia se ha hablado de otro giro, "le tournant théologique" de la fenomenología,[6] en referencia a autores como Emmanuel Lévinas, Paul Ricoeur, Michel Henry, Jean-Luc Marion, Jean-Louis Chrétien, Jean-Yves Lacoste; tal afirmación provocó naturalmente un debate en los años noventa del siglo pasado, en el que se afirmó que sería más exacto hablar de giro levinasiano.

2. Las tendencias en el mercado de trabajo, que a su vez inciden en los planes de estudio y la formación de los estudiantes, no favorecen en absoluto a la filosofía (como tampoco al ámbito de las letras o humanidades en general). Más bien parece que va quedando relegada a formar parte de la cultura, del suplemento cultural de los periódicos, pero no del estudio riguroso, del mismo modo que en la propia cultura de una persona formada incluye el conocimiento de algunas grandes obras literarias. A ello se dedican los suplementos culturales de los periódicos para uso de los ciudadanos informados. El pensamiento está siempre más dominado por la ciencia pura y dura, de modo que ésta no solo se presenta como el oráculo de la verdad sobre la realidad, sino que implica un modo de pensar por lo menos ten-

---

[6] JANICAUD, Dominique. *Le Tournant Théologique de la Phénoménologie Française*. Paris: Éditions de l'Éclat, 1991.

dencialmente positivista. Por otra parte, la ciencia misma va ampliando su campo de investigación llegando a construirse su propia epistemología y su ética, de modo que no consiste solo en un ámbito del saber, sino una perspectiva del saber más o menos omniabarcante.

Esta ampliación de su campo de acción fácilmente puede convertirse en un ejercicio puro y duro de la ideología, que siempre va a justificar lo existente, puesto que no ejerce crítica sobre sus propios presupuestos y prejuicios y por su influencia tanto en la política como en la economía. En este sentido siempre me ha hecho pensar el estudio de Habermas *Ciencia y técnica como 'ideología'*, tanto por lo que dice como lo que insinúa. Lo que justifica lo establecido no es la religión, sino la ciencia y sus rendimientos técnicos y económicos, que provocan el asentimiento del pueblo.

A ello hay que añadir que la filosofía, además de superflua en el ámbito del conocimiento, se muestra inútil para formar la fuerza de trabajo que requiere la sociedad actual y sobre todo la del futuro. A las universidades se les pide siempre más que se dediquen a formar fuerza de trabajo, futuros técnicos y especialistas en habilidades demandadas por el mercado de trabajo, que aporten algo al avance de la técnica o en general que contribuyan "a mejorar y a aliviar la condición humana", como dijo Fr. Bacon. Lo demás pertenece al ámbito de las actividades culturales de la universidad, como pueden ser los cursos para mayores que una vez jubilados quieren ampliar su cultura.

Frente a estas tendencias adversas a la filosofía hay que mencionar una cierta demanda de la filosofía incluso en el campo de la técnica y la empresa, considerando al filósofo como una persona capaz de pensar, formular fines y medios, organizar las diferentes finalidades y tiempos. Como también un ejercicio de cordura y sabiduría tanto en el plano empresarial o institucional como en el personal, de modo que se han abierto despachos de consulta filosófica.

A pesar de lo dicho, la dificultad de encaje, que experimenta la filosofía dentro de los desarrollos de las universidades y del mercado laboral, es una prueba más de su necesidad. Más que nunca se hace necesario pensar la evolución social, lo que es, en vez de vernos arrastrados por la corriente. No resulta fácil circunscribir unos temas de especial importancia. No obstante intento nombrar algunos:

a. Toda la problemática derivada de la investigación biológica y neurológica, así como la tecnología aplicada a estos campos, que parece va a transformar al hombre, haciendo de él una nueva especie (tal como se dice). En todo este campo me parece de primera importancia no olvidar la consideración ética, de lo contrario nos veremos abocados a hacer del hombre mismo una mercancía, ciertamente muy cara, al alcance de los ricos. Ahí tienen que trabajar juntas la antropología filosófica y la ética.

b. Las relaciones sociales entre individuos, grupos y naciones. Se trata de que el creciente individualismo no haga desaparecer el sentido de comunidad y su tejido o red de relaciones. Ello requiere la afirmación tanto de la autonomía del individuo como de la cohesión social y la solidaridad. Para ello es necesario empezar por lo más básico: una mejor distribución de la riqueza, y a partir de ahí repensar y reactivar la justicia, dinamizar la solidaridad y establecer instancias de diálogo en todos los niveles, hasta en el intercultural.

c. Repensar el papel de la religión como dadora de sentido, que es a la vez orientación y motivación. Se ha dicho que en ella se cumple la segunda ley de la termodinámica, según la cual la energía no desaparece, sino que se transforma, algo semejante ocurre con la religión; por tanto, mejor reconocerla que tenerla como algo reprimido en un Estado laico excluyente, incapaz de dar ni orientación ni motivación. Nuestras sociedades al no saber dar cauce a esta clase de inquietudes pueden convertirse en un eventual factor que más bien favorece el fanatismo y el fundamentalismo. Si antes aludí al diálogo intercultural, aquí surge la necesidad del inter-religioso.

d. El arte y la estética como el ámbito en el que uno se abre al campo del sentido. En el arte lo relevante no es tanto el material como la forma y a lo que apunta, lo que dice; la obra de arte habla, ciertamente a través de los significantes que usa, pero sobre todo por su discurso, su mensaje.

En definitiva los grandes temas continúan siendo, bajo mi punto de vista, la ética, la política, la religión y el arte, cuyas raíces son la metafísica, como afirmó Descartes.

En cuanto a los autores, me parecen especialmente dignos de mención los grandes clásicos. Creo que en la formación actual de los filósofos se tiende a dar mucha contemporaneidad y poca modernidad y todavía menos filosofía clásica griega. En este sentido recomendaría sobre todo Platón y Aristóteles y San Agustín, Kant y Hegel, Marx y Kierkegaard, Husserl y Heidegger, la Escuela de Frankfurt, Wittgenstein, Zubiri. Obviamente para cualquier cuestión hay que añadir los autores competentes de entre los actuales, aquellos suministran una buena base, que después tiene que completarse desde la actualidad.

3. En términos generales puede decirse que es muy parecida a la descrita en el punto 1. Ciertamente con sus peculiaridades, la primera de las cuales es el corte que se produce con la guerra civil en 1936-39 y la consiguiente represión y exilio de muchos intelectuales y filósofos. Ello supone un corte en una situación que prometía. Es verdad que la universidad española a pesar de la cerrazón oficial de horizontes y con grandes dificultades estaba en conexión con los demás centros de pensamiento europeo y americano, de modo que las mismas "modas" o movimientos que se daban en el extranjero también estuvieron presentes en el nuestro.

Creo que también en España se dan los tres 'continentes' de que hablaba Ferrater: fenomenología, filosofía analítica y marxismo. En cuanto a la primera, unos insisten más en Husserl y otros en Heidegger o incluso en otros autores, como pueden ser Sartre, Merleau-Ponty o Lévinas; también puede cultivarse como metafísica o como hermenéutica. Ha sido muy viva la conexión de Heidegger-Nietzsche. De este último se ha traducido de nuevo toda su obra, las cartas y los fragmentos póstumos. En cambio, la edición de las obras de Heidegger se encuentra dispersa en diferentes editoriales y colecciones y no es completa, aunque sí la mayor parte. Se puede decir que esta conexión ha dado lugar a una metafísica de aire nihilista y que es de las más cultivadas actualmente. La filosofía analítica, por su parte, vive ciertamente sus horas más bajas; puede considerarse que al menos se encuentra de modo indirecto en la filosofía de la ciencia y en los lógicos, y en gran parte de los dedicados a la filosofía del lenguaje. El marxismo se cultiva más bien desde sus nuevas versiones o recepciones, como puede ser Walter Benjamin o la Escuela de Frankfurt.

Durante años la disciplina de la filosofía más cultivada era la ética, y en este caso se debía ser kantiano, aunque con correcciones y transformaciones, fueran propias o las de la ética del discurso. También excepcionalmente era permitido ser utilitarista.

En los últimos decenios se han cultivado mucho más los grandes clásicos, en especial la filosofía clásica alemana y la filosofía griega clásica, sin olvidar la Edad Media, con sociedades constituidas a tal efecto y con sus congresos o jornadas periódicas y sus revistas especializadas, como por ejemplo la Sociedad Española de Estudios Clásicos, Sociedad Española de Estudios Medievales, Sociedad Española de Estudios sobre Hegel, Sociedad Española de Estudios sobre Nietzsche, Sociedad Española de Fenomenología, etc.

Finalmente como una peculiaridad española cabe señalar el cultivo de los tres grandes pensadores españoles del siglo XX: Miguel de Unamuno, José Ortega y Gasset y Xavier Zubiri. Solamente del segundo se cuenta con edición crítica de su obra, de los otros dos se dispone de lo más importante de su obra, aunque sin edición crítica. En todo caso todos ellos son objeto de creciente interés y estudio, quizás sobre todo Zubiri, que parece va creando escuela.

4. En líneas generales mi labor puede describirse como el cultivo de tres grandes campos: la antropología filosófica, la filosofía de la religión y la filosofía moderna y contemporánea, especialmente la de Hegel.

Mi primera incursión en el ámbito de la antropología filosófica ya empezó en mis años de estudio, con la tesina de licenciatura sobre Gabriel Marcel y la tesis doctoral sobre

Ludwig Feuerbach. Un nuevo impulso vino a raíz de lo que en aquellos años se denominaba antihumanismo, del que me pareció que compartía muchas de sus críticas al humanismo, especialmente al sujeto trascendental, a la concepción de un sujeto como fundamento inconcuso, cierto de sí mismo y hecho por sí mismo. Dicha crítica la tomaba como punto de partida para una nueva concepción del sujeto y del ser humano como alguien siempre en proceso y en proceso de socialización y a la vez de personalización o individuación, lo cual se lleva a cabo por las relaciones personales y sociales, de modo que la crítica que hacía el antihumanismo me parecía como una pista de acceso a una concepción del sujeto solidario.[7]

Una segunda incursión vino de la propuesta de escribir un manual de antropología filosófica. Ello me obligó a plantear en conjunto toda la antropología, sus temas, su estructura, su articulación. Para mí fue muy enriquecedor, después de años de tratar cuestiones aisladas.[8] A partir de esta visión, o en el curso de su elaboración, noté el malestar o incluso confusión que había en torno al concepto de persona, declarado por unos como fundamental y por otros como inútil, impertinente, en definitiva, fracasado. Me pareció que una de las causas de la crisis del concepto se debía a que de ser un concepto fundamental, un principio de la ética, presupuesto incuestionable, como en Kant, había pasado a ser un criterio de aplicación ética en el campo de la bioética. Ello me impulsó a estudiar cómo era tratado en este ámbito y en general en la filosofía analítica y en el naturalismo. En la discusión actual detecté dos grandes referentes: Locke y Kant. A su vez Locke proponía un concepto de persona reducido

---

[7] *Modernidad y crisis del sujeto. Hacia la construcción del sujeto solidario.* Madrid: Caparrós, 1998.
[8] *Antropología filosófica.* Madrid: BAC, 2007, 2016 (reimpresión).

a unas cualidades puramente mentales, la conciencia, con ello no hacía más que recepcionar el concepto clásico que los medievales habían formulado, porque a ellos les interesaba un concepto que fuera aplicable a Dios (a las tres personas de la Trinidad) y al hombre. Sin darse cuenta del enorme traspaso que hacía, Locke convertía en antropológico un concepto teológico y por ello le resultaba el concepto puramente mentalista. Ahí noté el cambio que había que introducir y no tratar en general del concepto de persona, sino el de persona humana. Para comprobar las diferentes aportaciones busqué en la historia de la filosofía las posiciones características al respecto (antecedentes estoicos, San Agustín, Boecio, Edad Media) y las diferentes aportaciones que las corrientes actuales ofrecen: personalismo y fenomenología, filosofía analítica, el naturalismo, la bioética y algunas posiciones críticas con el naturalismo, concluyendo con un capítulo que quiere esbozar las líneas fundamentales del concepto de persona, que se deducen de la confrontación entre las contrapartes de la confrontación actual.[9]

Dentro de la antropología filosófica incluyo también una cierta atención a cuestiones de bioética, no tanto las morales como las antropológicas, así como a las nuevas perspectivas que parecen abrirse en la configuración de la vida humana con las nuevas tecnologías. Es lo que se ha venido en denominar trans-humanismo o posthumanismo.[10]

---

[9] *La persona humana. El debate sobre su concepto*. Madrid: Síntesis, 2015.
[10] "La pequeña diferencia entre el hombre y el animal", in: *Acontecimiento* 32, núm. 120 (2016:3), 33-37; "Del antihumanismo al posthumanismo. El hombre entre la naturaleza y la biotecnología" in: Jornadas de Teología, Universidad Pontificia de Salamanca, 20 y 21 de octubre de 2016: *Pensar el hombre. La teología ante los nuevos planteamientos antropológicos* (en prensa).

Por lo que se refiere a la filosofía de la religión primero he de constatar que ha sido una ocupación algo marginal, puesto que tal materia no existe en nuestro plan de estudios, a pesar de lo cual ha sido una ocupación más bien constante. De ella me ha interesado sobre todo el diagnóstico de su situación en la actualidad, que va desde la teoría de la secularización hasta la de la desecularización, nuevas formas de ateísmo, el nihilismo, etc. Mi ocupación empezó con la tesis doctoral sobre L. Feuerbach[11] y en seguida me planteé la situación de la religión en la actualidad. El estudio sobre la filosofía de la religión lo he llevado a cabo sobre todo en confrontación con el nihilismo, puesto que siempre me ha parecido el desafío más radical,[12] pero también revisitando las "vías" de acceso al conocimiento o reconocimiento de Dios, especialmente desde la antropología.[13]

La filosofía moderna y contemporánea ha sido el principal objeto de mi docencia. Los autores que más he tratado son Kant, Hegel, Marx, Feuerbach, Kierkegaard y de los del siglo XX, además de Heidegger, Lévinas y Wittgenstein, me he ocupado sobre todo de Walter Benjamin y Jürgen Habermas. Entre ellos del que más me he ocupado ha sido Hegel, tanto coordinando una exposición general de su filosofía,[14] como estudiando aspectos diversos de la evolución de su pensamiento,

---

[11] *Crítica de la religión y antropología en Ludwig Feuerbach. La reducción antropológica de la teología como paso del idealismo al materialismo.* Barcelona: Laia, 1980.

[12] *Presencia elusiva.* Madrid: PPC, 1996; *La religión en tiempos de nihilismo.* Madrid: PPC, 2006.

[13] *Deseo, memoria y experiencia. Itinerarios del hombre a Dios.* Salamanca: Sígueme, 2011.

[14] (coord.) *Hegel: Taula. Quaderns de pensament* 45 (2013); (ed.), *Guía Comares de Hegel.* Granada: Comares, 2015.

y sobre todo sobre la filosofía del derecho,[15] y también traduciendo algunas de sus obras.[16]

Entre los proyectos en curso cuento con un estudio sobre el concepto de solidaridad, que quisiera fuera un estudio histórico, desde sus orígenes a mediados del siglo XIX en Francia hasta Habermas, pero también con un enfoque sistemático.[17] El segundo versa sobre W. Benjamin. De este autor me ha interesado sobre todo su teoría de la historia y de la experiencia.[18] Siguiendo a su amigo Gerschom Scholem, que afirma que Benjamin casi instintivamente piensa en conceptos

---

[15] Edición, selección, traducción e introducción de *Estudios sobre la filosofía del derecho de Hegel*. Madrid: Centro de Estudios Constitucionales, 1989; "El sentimiento moral en Hegel", in: *Taula. Quaderns de pensament*, núm. 17-18 (1992), 27-44; *La moral como derecho. Estudio sobre la moralidad en la Filosofía del Derecho de Hegel*. Madrid: Trotta, 2001 (478 pp.); "La subjetividad en la filosofía del derecho de Hegel", in: *Diálogos. Homenaje a Carla Cordua* 38, núm. 81 (San Juan, Puerto Rico, 2003), 35-61; "La violencia en la Filosofía del Derecho de Hegel", in: BELMONTE, Olga (coord.). *Pensar la violencia, la justicia y la libertad*. Madrid: Univ. Pont. Comillas Madrid, 2012, pp. 77-101.

[16] Edición, traducción e introducción de HEGEL. *La raó en la història*. Barcelona: Edicions 62, 1998 (Textos Filosòfics, 79); HEGEL. *Escritos sobre Religión*. Edición, selección, traducción, introducción y notas de Gabriel Amengual. Salamanca: Sígueme, 2013; HEGEL, *Lecciones sobre las pruebas de la existencia de Dios*. Traducción, introducción y notas de Gabriel Amengual. Salamanca: Sígueme, 2014.

[17] Algunos trabajos sobre la cuestión: "La solidaridad como alternativa. Notas sobre el concepto de solidaridad", in: *Revista Internacional de Filosofía Política* 1 (1992), 135-151; "La solidaridad según Jürgen Habermas", in: *Cuadernos salmantinos de filosofía* 19 (1992), 221-239.

[18] "De la vivencia a la experiencia. La atrofia de la experiencia como experiencia de hoy en Walter Benjamin", in: GARCIA NORRO, Juan José (ed.). *Ser querido y querer. Ensayos en homenaje a Manuel Cabada Castro*. Salamanca: San Esteban, 2007, pp. 255-298; "Pérdida de la experiencia y ruptura de la tradición. La experiencia en el pensamiento de Walter Benjamin", in: AMENGUAL, Gabriel/CABOT, Mateu/VERMAL, Juan L. (eds.). *Ruptura de la tradición. Estudios sobre Walter Benjamin y Martin Heidegger*. Madrid: Trotta, 2008, pp. 29-59.

judíos, me gustaría rastrear en sus conceptos lo que pueda haber de inspiración religiosa, judía, mesiánica, apocalíptica o también en general de filosofía de la religión. Sería un repaso general a su obra destacando los aspectos religiosos.

La filosofía y las grandes preguntas en torno a la condición humana

*Ronald Beiner**

1. Permítanme dos breves observaciones. En primer lugar, no me siento autorizado para juzgar la filosofía *per se*. Mi vocación es la filosofía política, tal y como yo entiendo esta vocación, y dejaré a la gente de los departamentos de filosofía juzgar el estado de la filosofía en general. Quiero señalar que existe una gran diferencia entre la filosofía política practicada por personas que trabajan en los departamentos de filosofía (por lo menos en el mundo angloamericano) y la filosofía política (o "teoría política") tal y como es practicada por los teóricos dentro de la disciplina de las ciencias políticas. Mi punto de vista es que la primera (llamémosla "filosofía política analítica") es demasiado estrecha intelectualmente y demasiado enfocada en abordar cuestiones directas de política pública. (Diré más sobre esto en respuesta a la pregunta 2). Creo que los teóricos o filósofos políticos que podemos encontrar en los departamentos de ciencias políticas como en el que yo trabajo es más probable que sean fieles al modo ambicioso de teorización que caracteriza a la tradición de Platón, Hobbes, Spinoza, Rousseau, Marx y Nietzsche. Éste es el tipo de actividad intelectual que define mi propia identidad filosófica y, a mi modo de ver, es hoy en día una posibilidad tan sólida y relevante, en lo que nos concierne como seres humanos, como siempre lo ha sido.

---

* Universidad de Toronto. Trad. de Suzanne Islas Azaïs.

Segunda observación. Para evaluar el estado actual de la filosofía -hacia dónde se dirige, si está floreciendo o se ha agotado intelectualmente-, quizás tenga más sentido consultar a teóricos más jóvenes. Alguien de 63 años, como yo, es probable que vea la escena actual desde la mirada nostálgica por lo que asumimos como teoría o filosofía en nuestra juventud. Es fácil sentir que la filosofía hoy parece agotada o está girando sobre sí misma, o simplemente volviendo a lo que los filósofos hicieron en el pasado. Por el contrario, es posible que un joven de 43 o de 33 años esté en mejor sintonía con lo nuevo y fresco de la vida intelectual contemporánea.

2. Sin la posibilidad de reflexionar filosóficamente los seres humanos dejan de honrar su humanidad. Cualesquiera que sean nuestras crisis (y, seamos francos, en el 2016 nos enfrentamos a enormes desafíos políticos, culturales y existenciales que no serán fáciles de resolver con nuestros actuales recursos sociales, morales, culturales y políticos), si esas crisis nos hacen desesperar de proyectar luz teórica o filosófica a nuestra oscuridad, la consecuencia no será simplemente un fracaso en la *praxis*, sino, de manera mucho más grave, una humanidad disminuida. No podemos permitir que el escepticismo, el cinismo o la desilusión política tengan esa consecuencia (¡y escribo estas líneas el día siguiente de la elección de Donald Trump como el próximo presidente de Estados Unidos!). Seguir abiertos a la posibilidad de la reflexión y el diálogo filosóficos, en cualquier momento y en cualquier lugar, es lo que nos permite permanecer fundamentalmente esperanzados como seres humanos.

Permítanme esbozar lo que considero es el modo apropiado de teorización en las actuales circunstancias (y probablemente en *todas* las circunstancias, cercanas y lejanas). Voy a distinguir -tal vez injustamente- entre dos enfoques generales de la empresa teórica. Llamaré al primer enfoque "la teoría del fin de la historia" y al segundo "la teoría épica". Plantear el tema en estos términos es ciertamente polémico. Pero lo planteo así no solo con el afán de ser polémico, sino con el propósito de poner de relieve el problema de cómo asumir la teoría de una manera más plástica y vivaz.

De acuerdo con el primer enfoque sabemos bastante bien cuál es la verdad moral y política: la democracia liberal y el igualitarismo liberal, tal y como se entienden en general hoy en día. La historia que nos llevó a este resultado moral es irreversible. La tarea más urgente de la teoría es aclarar los detalles de la agenda política de esta visión moral verdadera, no cuestionar si y en qué sentido la concepción moral misma es la correcta. Así que sobre todo predicamos a los conversos: "nosotros los liberales" nos referimos a nuestros colegas liberales. Por supuesto que existen diferencias entre nosotros: tenemos diferentes credos religiosos, por ejemplo. Pero hacemos abstracción de estas diferencias y buscamos un terreno común tan amplio como podamos. Tratamos de no dejarnos arrastrar por el debate radical sobre la "metafísica" o nuestros valores últimos. La idea de John Rawls de un "liberalismo político" capta bien esta orientación o enfoque básico de la empresa teórica, pero Habermas y Rorty, por ejemplo, tienen sus propias maneras de transmitir el mismo propósito fundamental. Incursionar en horizontes morales e intelectuales pre-liberales o trans-liberales es bastante inútil, ya que esos otros horizontes han sido reemplazados históricamente, depositados ya y de una vez por todas en el basurero de la historia.

La teoría épica con la que yo mismo estoy comprometido se opone firmemente a esta orientación "post-metafísica" y piensa que es un serio error poner fin al gran diálogo de concepciones de vida humana posible articulado a lo largo de nuestro canon teórico. Se trata de una teoría "épica" porque no presupone que hemos llegado, necesariamente, al horizonte moral final y ahora solo tenemos que ocuparnos de los detalles (como Hegel sugirió que el Estado prusiano del siglo XIX tenía que hacer luego de que la Revolución Francesa y Napoleón habían perfilado el horizonte moral de la existencia moderna). Perspectivas más profundas, desde Platón a Maquiavelo, Hobbes, Locke y Montesquieu, hasta Nietzsche y Marx y Heidegger, están aún hoy en enérgica contienda. La lectura de estos pensadores no nos transforma automáticamente de liberales en algo más (¡o esperemos que no!); pero ojalá que lo que sí haga sea llevarnos a un vigoroso cuestionamiento de lo que la vida humana espera de nosotros.

Dicho esto, espero que ahora sea más claro por qué me referí con el término peyorativo de "fin de la historia" a la teoría liberal en boga con la que quiero debatir. Como bien se sabe, en 1989 (justo en la cúspide del final de la Guerra Fría) Francis Fukuyama declaró que la noción hegeliana del "fin de la historia" finalmente se había realizado: la democracia liberal occidental basada en el mercado se había impuesto definitivamente a sus alternativas, e independientemente de si Friedrich Nietzsche tenía razón o no al considerar esta época de liberalismo hegemónico e individualismo como el triunfo del "último hombre" ése era nuestro destino. Tal pronunciamiento parece hoy en día desde luego bastante necio. Por supuesto que puede ser peligroso hacer juicios históricos desde nuestra perspectiva actual. Quizás necesitemos un punto de vista de décadas o más para saber realmente si la democracia liberal occidental está verdaderamente en crisis. Pero este 2016 ciertamente parece como si una crisis (o series interconectadas de crisis) de proporciones bastante grandes hubiera comenzado, o por lo menos se anuncia en el horizonte: *Brexit* en Inglaterra, Putin en Rusia y Trump en los Estados Unidos, una crisis de identidad y de propósito con respecto al proyecto mismo de la Unión Europea, el surgimiento de una extrema derecha hipernacionalista en varias partes de Europa, una enorme crisis migratoria como resultado del caos en Medio Oriente, una amplia revuelta en contra de la globalización, el desafío del islamismo militante, incluido un torrente incesante de episodios terroristas, con efectos escalonados en todas las demás crisis o crisis percibidas, y así. ¡No hay "fin de la historia" en nada de esto! ¿Cómo debemos responder los filósofos políticos? La tarea de la filosofía política, como yo la entiendo, es dialogar con los pensadores más ambiciosos como una forma de tomar distancia de la situación política y cultural inmediata y alcanzar un panorama mucho más amplio. No estoy diciendo que yo haya alcanzado esa perspectiva privilegiada, pero tanto mis clases como mis escritos tienen esa intención. David Brooks, columnista del *New York Times*, escribió recientemente en un artículo de opinión: "En los últimos años, la ansiedad económica y social se ha tornado en algo espiritual y existencial". Yo creo que tiene razón (Brooks se refería específicamente a los Estados Unidos, pero creo que su punto puede generalizarse al resto de las sociedades liberales). ¿Puede la filosofía política erigirse ante el reto de reflexionar sobre la ansiedad "espiritual y existencial" que parece extenderse y que parece estar alimentando múltiples crisis en nuestro mundo político? ¿Quiénes son los pensadores y las filosofías que nos pueden dar una idea de la ambición y el propósito propios de la filosofía política como forma de reflexión social y cultural? ¿Quiénes son los pensadores y las filosofías que pueden por lo menos aclararnos el ámbito dentro del cual tendremos que reflexionar para abordar nuestros dilemas sociales y culturales en todas sus dimensiones? Estas son las preguntas que nosotros los teóricos, y los estudiantes que aspiran a convertirse en teóricos, tenemos que seguir planteándonos.

Mi sugerencia de fondo es que "nosotros los liberales" estamos en problemas si damos por sentado que el liberalismo igualitario es la dispensa moral final y, por lo tanto, nos ahorramos el esfuerzo de entrar en diálogo con las grandes alternativas normativas al liberalismo de los siglos XX y XXI. Nos confundirá una visión radicalmente no liberal de la vida porque resulta que tiene un atractivo mucho más humano de lo que nosotros, los liberales, hemos asumido o nos hemos convencido de que podría tener. ¡Eso ya está sucediendo hoy en día! Obviamente, permanecer en viva conversación con el canon heredado de la teoría occidental no es la única manera de mantenerse en diálogo con horizontes de experiencia y aspiración normativa más allá del horizonte liberal. Pero sí que es una vía indispensable.

Por supuesto, habrá teóricos que deseen un tipo de filosofía política mucho más orientado a preguntas sobre instituciones y políticas concretas. Esto es comprensible. Y aquí está mi respuesta a este desafío. Evidentemente, todo lo relacionado con cuestiones de diseño institucional o de legislación política tiene lugar en el contexto de una determinada forma de vida (llamemos a nuestra propia forma de vida una democracia burguesa igualitaria, aunque, por supuesto, otras definiciones son posibles). Y cada forma de vida presupone una cierta concepción sobre cómo debe vivirse la vida, yuxtapuesta a una lista de grandes visiones alternativas sobre cómo vivir y cómo la vida misma puede tener sentido. Y necesitamos una reflexión y un diálogo bastante ambiciosos acerca de cómo nuestra propia visión de la vida y su propósito están en relación con las alternativas. Esto es lo que yo llamo teoría épica. Por supuesto, esta lista de posibles visiones o fines de la vida que consideramos nunca puede constituir un conjunto *comprehensivo* de tales visiones. Pero tiene que ser lo suficientemente amplio como para considerar las fortalezas y debilidades de nuestra propia concepción de la vida en relación con otras alternativas ambiciosas. Esta es la práctica de la filosofía política que he tratado de esbozar en mis dos últimos libros (ver mi respuesta a la pregunta 4) y, en algún sentido, a lo largo de mi carrera.

No digo que no debería haber teóricos que reflexionen en torno a instituciones y políticas. Dejemos que otros teóricos hagan eso. Creo en la división intelectual del trabajo. Todo lo que estoy diciendo es que si no hay un lugar dentro de la disciplina de la filosofía política para el tipo de gran reflexión sobre los fines de la vida que me preocupa, entonces la teoría filosófica se queda corta con respecto a lo que ha sido durante los últimos dos mil quinientos años.

¿Puede la teoría o la filosofía política resolver los descontentos de la vida contemporánea (incluida la vida política)? Soy muy escéptico de que pueda hacerlo. Pero esto solo nos lleva a desilusionarnos con la filosofía si tenemos nociones no-realistas sobre cómo la teoría puede guiar o iluminar a la práctica. Más bien, debe permanecer firmemente fiel a su propia misión intelectual inmanente: plantear las grandes preguntas, abrir los horizontes de concepción moral, cultural y política, generar intuiciones sobre la condición humana en gran escala y ayudarnos a ser más reflexivos y autocríticos.

3. No creo que las fronteras entre países sean particularmente relevantes para la filosofía como tal. La filosofía tiene una vocación universal. Abre un espacio en el que nos hacemos preguntas y nos comprometemos con la reflexión, el diálogo y una ambiciosa especulación intelectual en torno a los aspectos más profundos de la existencia humana, y del mundo también en tanto los seres humanos se relacionan con el mismo cognitiva y existencialmente. Las cuestiones filosóficas que son fundamentales para los canadienses no son diferentes a las de los mexicanos, o las de los mexicanos frente a las de los canadienses. Cuando reflexionamos y nos comprometemos intelectualmente desde la filosofía, habitamos un espacio universal de reflexión y diálogo. La ciudadanía fundamental del filósofo como filósofo es la de un ciudadano del mundo. Es cierto que coedité un libro titulado *Canadian Political Philosophy*. Y lo hice porque cuando mi coeditor y yo organizamos el libro, filósofos políticos con raíces firmes en la experiencia canadiense como Charles Taylor y Will Kymlicka estaban recibiendo mucha atención más allá de Canadá, y los dilemas y los debates canadienses sobre la ciudadanía, el nacionalismo y el multiculturalismo parecían muy pertinentes con respecto a dilemas y debates de otros lugares. Pero más allá de esto la sugerencia de que existe tal cosa como una "filosofía canadiense" o, incluso, una "filosofía política canadiense" me parece necia. La filosofía es humanamente importante y la ciudadanía es humanamente importante; pero la filosofía como filosofía no está limitada por la ciudadanía.

4. Creo que mis últimos dos libros reflejan fielmente lo que he asumido como mi vocación intelectual a lo largo de mi carrera como filósofo político. En el 2011 publiqué *Civil religion: A dialogue in the history of political philosophy*, en 2014 *Political philosophy: What it is and why it matters*. Ambos textos fueron publicados por Cambridge University Press. El primero busca reconstruir un diálogo -que se extiende por siglos (desde principios del siglo XVI en adelante)- sobre el problema espinoso de la religión y la política y cómo gestionar la relación entre ellas. El diálogo abarca los siguientes 21 pensadores: Maquiavelo, Hobbes, Spinoza, Locke, John Toland, Pierre Bayle, Montesquieu, Rousseau, Hume, Adam Smith, Kant, Tocqueville, Joseph de Maistre, John Stuart Mill, John Morley, James Fitzjames Stephen, Nietzsche, Heidegger, Carl Schmitt, Leo Strauss y John Rawls. Posteriormente he añadido a este diálogo a James Harrington y al tercer conde de Shaftesbury. El libro del 2014 también busca reconstruir un amplio y ambicioso diálogo filosófico, esta vez restringido a pensadores del siglo XX, a saber, Hannah Arendt, Michael Oakeshott, Strauss, Karl Löwith, Eric Voegelin, Simone Weil, Hans-Georg Gadamer, Jürgen Habermas, Michel Foucault, Alasdair MacIntyre, Rawls y Richard Rorty, precedido de algunas reflexiones sobre Freud y Max Weber. La cuestión de la modernidad liberal -tanto las distintas formas de defenderla, como las de criticarla- está en el centro del libro. De la manera en que acabo de caracterizar estos dos libros debiera resultar obvio que asumo la actividad de la filosofía como intrínsecamente dialógica y orientada hacia pensadores ejemplares que estimulan nuestro pensamiento en grandes cuestiones invitándonos a volver a ellos, a aprender de ellos y a desafiarlos. Así es como veo el asunto de la filosofía y cómo yo he tratado de practicarla.

La filosofía como conciencia de la sociedad

Mauricio Beuchot Puente[*]

1. En el siglo pasado predominaron algunas corrientes. Una de ellas fue la fenomenología, con Edmund Husserl, en los primeros años del siglo. Ha sido una filosofía seria y fecunda, la cual sigue vigente en la actualidad. Además de Husserl, en esa línea se destacaron Max Scheler, Martin Heidegger, Edith Stein y otros. Posteriormente a ellos, Maurice Merleau-Ponty. La aportación de este movimiento fue la descripción acuciosa y fina de las cosas y acontecimientos que nos rodean, es decir, los fenómenos. Continúa dando buenos servicios a la filosofía actual.

Algunos de sus cultores derivaron hacia el existencialismo, como el propio Heidegger, aunque no le gustaba que lo asociaran con esa corriente. Formaron parte de ese movimiento Karl Jaspers, Gabriel Marcel y Jean-Paul Sartre, entre otros. Este tipo de filosofía ya no tiene seguidores, al menos explícitamente o con ese nombre. Sin embargo, fue importante porque llamó la atención hacia los fenómenos vivos del hombre, insistiendo inclusive en el carácter trágico de la existencia humana. Como corriente ya pasó, pero ese cuidado de los sentimientos y emociones sigue trasminando hasta ahora, quizá porque es independiente de corrientes y forma parte de la esencia humana.

Otra corriente fue el marxismo. Tuvo muchas variantes, pero se unificaban en la búsqueda de la liberación de los

---

[*] Instituto de Investigaciones Filológicas (UNAM).

oprimidos, de la igualdad y de la justicia. Lo malo fue el modo en que realizó esto el llamado "socialismo real", pues ocasionó que a finales de los 80 se desmoronara, como el simbólico muro de Berlín, y por eso ya no tiene seguidores explícitos, al menos en las universidades, y quizá solamente en algunos partidos políticos. Sin embargo, dejó algo de conciencia en los más viejos, aunque ya los jóvenes no guardan mucha memoria de esas doctrinas.

Ya que en el siglo pasado se dio el famoso "giro lingüístico", uno de sus enfoques fue el estructuralismo, dependiente de la semiología y la lingüística de Saussure. Pero también ya pasó. Tuvo influencia en varias ramas de las ciencias, no solo en filosofía, pero fue un proyecto muy ambicioso (o pretencioso), y acabó por caer.

Dentro de ese mismo giro lingüístico se coloca la filosofía analítica, que viene desde Frege, Russell, Moore, el primer Wittgenstein y el positivismo lógico. En su versión positivista ya se acabó, pues se estranguló a sí misma, por sus exigencias reduccionistas que ni ella misma pudo cumplir. Después de eso se ha dado el giro pragmatista dentro de la filosofía analítica, con autores como el segundo Wittgenstein, Austin, Strawson, Searle y otros, más abiertos al lenguaje ordinario y sin la exigencia de la formalización lógica. Ahora es la parte que ha perdurado, aunque ya sus representantes se dedican menos a la filosofía del lenguaje y más a la ética, a la filosofía política y a la estética. Creo que han aportado un cuidado del lenguaje, pero sin demasiada exageración.

Sin embargo, tal vez sea más influyente la filosofía analítica que se ha dado en Estados Unidos, más interesada en recuperar la lógica formal y no solo el análisis lingüístico del lenguaje ordinario. Tal se ve en W. Sellars, W. Quine, D.

Davidson y H. Putnam. Me parecen más equilibrados, y su aportación ha sido una filosofía atenta no solo al lenguaje sino también a la lógica. Esto ha hecho que hayan desarrollado la epistemología y la ontología. Por ejemplo en Roderick Chisholm, Héctor-Neri Castañeda y Ernesto Sosa.

De hecho, en la analítica estadounidense se recogió mucho de la filosofía pragmatista, la de Peirce, James y Dewey. Se contactó con la analítica a través de C. I. Lewis, por ejemplo, aunque también hubo otros más libres, como Sidney Hook, y aun "neo-pragmatistas", como Richard Rorty, que de hecho era ya una especie de posmoderno. Autores como el propio Rorty y Putnam han rescatado a los clásicos del pragmatismo y han hecho que sigan produciendo orientación filosófica, incluso en la actualidad.

Así como Rorty fue un tiempo analítico y derivó al neo-pragmatismo y a la posmodernidad, también ha habido filosofía posmoderna, que viene de diferentes fuentes. Una de ellas fue la fenomenología, a la que perteneció, por ejemplo, Lévinas, pero acabó siendo considerado como formando parte de los posmodernos. Igualmente, Derrida, el cual comenzó como fe-nomenólogo y después fue uno de los campeones de la posmodernidad. El propio Derrida también abjuró del estruc-turalismo, que fue rebasado como post-estructuralismo. Algo parecido le pasó a Foucault, ubicado como célebre posmoderno (aunque algunos prefieren llamarlo neo-ilustrado), pero que transitó en el estructuralismo y que luego fue crítico de él.

La filosofía posmoderna y la filosofía analítica son las dos corrientes que campean en los fines del siglo XX y aún ahora, en los comienzos del XXI. La filosofía analítica se ve más reducida, aunque sigue teniendo cultivadores. La que se ve más boyante es la posmoderna, aunque ya acusa rasgos de cansancio y se puede decir que está de salida. Sin embargo, tiene cultores más numerosos, principalmente en las universidades latinoamericanas. Ha aportado una crítica muy dura al racionalismo o cientificismo de los modernos, sobre todo el de los analíticos. Pero ha traído también demasiado relativismo y nihilismo, incluso hasta escepticismo.

Podríamos decir que, mientras que la filosofía analítica sigue defendiendo cierto racionalismo y cientificismo, la filosofía posmoderna se empeña en derrocar a la razón y marcarle sus límites. Esos dos modos de pensamiento nos proporcionan el estira y afloja que vivimos hoy en día, aunque ya hay cierto agotamiento en la posmodernidad.

La misma posmodernidad ha provocado reacciones y ha hecho que se le opongan unos nuevos filósofos, muy jóvenes y brillantes, como Markus Gabriel, Quentin Meillassoux y Graham Harman, que están levantando un nuevo realismo.

También se ha dado otra corriente, la cual me parece aprovechable, que es la hermenéutica. Ha tenido a Gadamer y a Ricoeur, que son los clásicos, pero también a otros que le han dado un sesgo posmoderno, como Vattimo y Rorty. Aquí el peligro es esa hermenéutica última, pues lleva a demasiado relativismo, que yo denomino *equivocismo*, contrario al *univocismo* de los analíticos.

Por eso me ha parecido necesaria una hermenéutica que llamo *analógica*, para que supere el univocismo de la filosofía analítica (al menos en algunos de sus ámbitos) y el equivocismo de hermeneutas posmodernos (al menos algunos de ellos). Además, trato de recuperar algo de realismo, con el *realismo analógico*, en contacto con Maurizio Ferraris y rescatando la ontología o metafísica, con Jean Grindin.

2. Frente a estos fenómenos, la filosofía debe retomar la función que tradicionalmente ha tenido: la de ser la conciencia de la sociedad. Ha de manifestarse sobre todo como filosofía política, la cual se basa en una ética, de modo que la filosofía moral tiene que estar a la orden del día y ser estudiada afanosamente.

Hay temas que están exigiendo la reflexión filosófica, como el de la violencia (sobre todo en su forma de terrorismo, pero también de crimen organizado). Igualmente, por supuesto, el tema de la pobreza, así como el de la fragmentación de la sociedad.

Podemos decir que aquí se aglutinan todas las ramas de la filosofía, pues el tema de la filosofía política lleva al de la ética o filosofía moral, que también repercute en la filosofía del derecho (ya que cada vez más se acepta que la moral y el derecho van de la mano). Y eso nos lleva a la concepción del hombre que tenemos, la cual pertenece a la antropología filosófica. Y esta última depende de la ontología o metafísica, ya que su núcleo principal es una ontología de la persona.

Otro problema que debe ser abordado es el de la técnica. Las tecnociencias y las tecnologías amenazan con esclavizarnos. Dependemos demasiado del teléfono celular, de la computadora, de los videojuegos, etc. Se ve sobre todo en los niños y los jóvenes, que han adoptado este giro digital de la época con demasiado entusiasmo, pero que, en lugar de cumplir la promesa de vincular a las personas, las más de las veces las aíslan en su propio juego y divertimiento. Tiene esto, además, repercusiones alarmantes en la educación, pues los niños ya no quieren leer, los jóvenes ya no hacen investigación, pues todo lo sacan de la internet, y a veces hasta con el solo esfuerzo de copiar y pegar lo que encuentran en ella.

Los autores estudiados tienen que ser tanto clásicos como contemporáneos. El estudio de la historia de la filosofía sigue aportándonos buenas lecciones para plantear bien los problemas y varias soluciones que, si no conocemos por la historia, corremos el peligro de repetirlas y aun de repetirlas mal. Pero también hay que acudir a buenos autores actuales, pensadores que han dado testimonio de solidez y apertura a la vez.

Creo, asimismo, que un instrumento valioso va a seguir siendo la hermenéutica para interpretar esos fenómenos sociales que nos circundan, y pienso que nos ayudará a comprenderlos, para poder darles una mejor solución.

3. La filosofía en México ha sufrido fuertes persecuciones por parte de los últimos gobiernos, a través de las instituciones de enseñanza. Por ejemplo, se trató de quitar de la preparatoria o bachillerato las materias filosóficas; pero gracias a la oposición y resistencia que hicimos los filósofos se logró conservarlas; aún hace falta incrementarlas.

En México ha habido como dos vertientes de cultivo de la filosofía. Por un lado, y son la mayoría, están los que hacen filosofía sin tomar en cuenta la realidad mexicana, es decir, la historia de su pensamiento, sus problemas específicos, etc.; en otras palabras, filosofan como si estuvieran en Berlín, o en Oxford, o en Harvard. Y, por otro lado, están los que se afanan por hacer filosofía mexicana, es decir, atenta a su propia historia y a sus propios problemas.

En el lado de los que filosofan sin atender a la realidad mexicana, están los que siguen la vertiente de la filosofía analítica y los que van por la senda de la filosofía posmoderna.

También hay varios hermeneutas, pero la mayoría cayendo en el terreno de la posmodernidad. Y hay algunos fenomenólogos, que buscan más seriedad. Son las corrientes principales.

En el lado de los que tratan de hacer filosofía mexicana hay también dos vertientes. Los que se cierran demasiado en lo propio, tanto que parece que no miran hacia la filosofía de otros países, sino que se ponen a hacer solo historia de la filosofía mexicana y a abordar sus problemas sin atender a nada más, casi en una especie de folclorismo. Y también se encuentran los que tratan de hacer filosofía mexicana tomando en cuenta la filosofía que se hace en los demás países. Piensan que se pueden usar diversos modos de filosofar (fenomenología, hermenéutica, ontología, análisis filosófico, etc.) para aplicarlos a lo nuestro. Creo que esta última facción está en lo correcto.

Me parece, también, que en esto puede tener mucha vigencia la hermenéutica. Ya se han aplicado otros modos de pensamiento para abordar los eternos problemas de México, como el de cuál es la identidad mexicana, cómo es el mexicano, cuál es el mejor régimen político que le cuadra, cuál es la cultura que ha desarrollado o debe desarrollar, etc. Se aplicó la fenomenología, con Gaos; la ontología, con Uranga; el análisis filosófico, con Villoro. Eso por solo poner unos ejemplos. Creo que ahora se puede usar con fruto la hermenéutica, y conectarla con la ontología, ya que ahora se busca una hermenéutica más realista, para contraponerla a las hermenéuticas posmodernas, que han sido demasiado débiles, es decir, relativistas o equi-vocistas.

En México se ha extendido y perdurado la filosofía posmoderna, pero ya acusa cansancio, agotamiento. Ya está de salida. Sin embargo, apenas se están recibiendo modos más recientes de pensamiento, como el nuevo realismo, al que he aludido antes. Poco a poco está cambiando la situación, para tener una filosofía más realista, o menos relativista, porque la exageración en eso lleva al subjetivismo y éste al escepticismo y al nihilismo.

4. Mi preocupación principal es utilizar la hermenéutica para abordar los problemas de México, tales como la violencia, la pobreza, la frágil democracia que tiene, etc. Pero veo que en la actualidad hay una hermenéutica unívoca, que es la que se da en algunos ámbitos de la filosofía analítica, sobre todo los que todavía están impregnados de positivismo lógico. Sus cultores lo niegan, pues saben que el positivismo lógico fue un proyecto que ya feneció, pero siguen empecinados en ir tras sus pasos. Y veo también que hay una hermenéutica equívoca, igual de preocupante, como es la de varios filósofos posmodernos, que tienen una concepción demasiado débil o *light* de la filosofía. Por eso he tratado de articular, ya desde hace varios años, una hermenéutica analógica, pues la analogía es un modo de significación que está intermedio entre el unívoco y el equívoco.

El modo de significar unívoco tiene la pretensión de ser totalmente exacto y riguroso, aunque solo se queda en la pretensión, pues el positivismo lógico ha exhibido en sí mismo los límites de la lógica formal. Es un reduccionismo muy fuerte, porque es poco lo que se alcanza a asegurar de esa forma, y además es muy lento, frente a los problemas urgentes que hay. El modo de significación equívoca se derrumba en lo completamente ambiguo y volátil, lo cual es desesperante, porque ya la filosofía posmoderna se halla exhausta y de salida; pero se resiste y perdura. Por eso el relativismo extremo o equivocismo que manifiesta es el que me ha llevado a combatir esa ambigüedad que no conduce a ninguna parte, para esforzarme en la búsqueda de un lugar más acogedor y fecundo para la filosofía.

Debido a ello he ideado y me esfuerzo por desarrollar, tanto teórica como prácticamente, lo que he llamado *hermenéutica analógica*. No tiene la pretensión (las más de las veces inalcanzable) de rigor de la hermenéutica unívoca, positivista; pero tampoco adolece de la caída en la ambigüedad o vaguedad de la hermenéutica equívoca, posmoderna. Está en un terreno mediador, en una tierra media, con la suficiente exactitud para tratar los problemas con la razón y bastante apertura para dar cabida a la intuición y la imaginación.

Mi proyecto más reciente es el de tratar de embonar esa hermenéutica analógica con el nuevo realismo, pues el realismo renace y viene como una marejada muy fuerte; pero no con un realismo duro y prepotente, pues no se puede volver al pasado, al de la modernidad cientificista y positivista, pero tampoco podemos quedarnos empantanados en la deriva posmoderna, que ya pide un cambio de rumbo en filosofía, hacia terrenos más promisorios.

La filosofía que necesitamos hoy y mañana

John Dunn[*]

La primera vez que me encontré con la filosofía en mi adolescencia tardía, la asumí como una guía potencial para las cuestiones más profundas de la vida. Confiaba en que me mostraría la mejor forma de pensar sobre todo aquello que fuera realmente importante y cómo hacer encajar diferentes maneras de pensar. Buscaba en ella una visión sinóptica y el juicio firme; el árbitro final de lo que los seres humanos tienen buenas razones para creer y -tal vez- preocuparse. El filósofo del pasado que más admiraba era David Hume, particularmente el Hume de los *Diálogos sobre la religión natural*, donde la ironía me atraía casi tanto como el tacto de las conclusiones. Un poco más tarde, como estudiante en Cambridge, el filósofo que más me entusiasmó (y era entusiasmo intelectual lo que sobre todo buscaba en ese momento) fue el último Wittgenstein, pero menos por la trayectoria de su propio pensamiento que por la fuerza profética de las *Investigaciones filosóficas* y los *Cuadernos Azul y Marrón*. Posteriormente, cuando tuve que estudiar y dar clases sobre la historia del pensamiento social y político, volví la vista a una variedad más amplia de filósofos en busca de ayuda para tratar de entender sus diferentes aspectos. En el camino tuve la suerte de aprender mucho de una gama mucho más amplia de contemporáneos, algunos de los cuales se convirtieron en amigos cercanos. Me dediqué a ellos con varios propósitos, sobre todo Alasdair MacIntyre (una figura notable e

---

[*] King´s College. Trad. de Suzanne Islas Azaïs.

inspiradora con su feroz fusión de claridad y pasión con conciencia histórica aguda y compromiso político), Charles Taylor, Herbert Hart, J. L. Austin, Thomas Nagel, Bernard Williams, Richard Rorty y Raymond Geuss. De la deslumbrante *Autobiografía* de R. G. Collingwood obtuve también mucha seguridad en torno a la manera en que traté de llevar a cabo mi propio trabajo. Cada uno de ellos en sus estilos muy diferentes me mostró mucho sobre lo que sería poco prudente creer y agudizó mi sentido de cómo pensar eficazmente sobre lo que suponía sopesar la fuerza de las reivindicaciones políticas y morales y comprender su trayectoria a través del tiempo y del espacio. Aprendí mucho también en aquellos años de intensa conversación con Quentin Skinner, sobre todo en la idea que compartíamos en torno a los requisitos para captar el carácter del pensamiento pasado, por diferentes que hayan sido los usos que ambos elegimos para desarrollar esto. En aquel tiempo ambos asumíamos y vivíamos la filosofía como un recurso estimulante y poderosamente realizativo.

Desde entonces he visto la historia de la filosofía del siglo pasado con mayor pesimismo -como un abandono progresivo del reto de interrogar, ordenar y disciplinar la cultura y el conocimiento en favor de una escolástica cada vez más deprimente. Me parece que esta situación es más el resultado de la división académica del trabajo, dentro de un mundo de la vida cada vez más mercantilizado, que cualquier cosa que pueda ser fácilmente confundida con un proceso de descubrimiento.

Sigo creyendo que la historia de la filosofía en Occidente constituye un punto de partida obligatorio para cualquier persona que desde su circunstancia quiera pensar en los retos de la vida personal y pública, y que el entrenamiento en la forma de pensar y escribir con lucidez y precisión sigue siendo ejemplar.

Lo que ciertamente no hace es mostrar a nadie hacia dónde merece la pena dirigir su atención intelectual ni cómo comprender lo que nosotros y nuestros sucesores necesitamos ahora mismo comprender. No tiene sentido de relativa urgencia y le queda muy poco sentido de la dimensión de los problemas. Nadie podría confundirla con una reserva de (y mucho menos con un algoritmo para) juicios fundados sobre lo que verdaderamente importa. Esto no quiere decir, por supuesto, que determinados filósofos individuales no puedan hacer (o no hagan) tales contribuciones -solo que la disciplina en su conjunto, en distintas instituciones y países, fracasa manifiestamente en hacerlo.

No me parece que esto sea algo predestinado o deseable, aunque en retrospectiva no es realmente difícil comprender cómo o por qué ha ocurrido. La historia de la filosofía en Occidente todavía proporciona un rico repertorio de recursos para pensar los desafíos del mundo en el que vivimos. Aún puede ayudarnos mucho para pensar clara y críticamente. Lo que ya no puede hacer es mostrarnos qué pensar. En muchos sentidos lo que ahora necesitamos pensar es casi lo mismo que nuestros antepasados antes que nosotros y nuestros descendientes todavía tendrán que pensar después de nosotros: cómo vivir de la mejor manera nuestras propias vidas individuales y cómo organizar todas esas vidas de la mejor manera en este mundo enorme y estrechamente conectado en el que nos ha tocado vivir. La vida individual siempre ha sido un reto para la imaginación y cualquier forma de vida colectiva plantea desafíos propios. En el mundo que ahora compartimos cada uno de estos desafíos se ha vuelto aún mucho más difícil. Y ambos se acentúan gravemente por la evidente necesidad de realizarlas en un entorno ecológico cada vez más amenazado. El equilibrio entre licencia y disciplina entre las vidas individuales y colectivas se inclina cada vez más imprudentemente y el imperativo de detenerse y comenzar a reparar el daño acumulado que hemos infligido ya a nuestro hábitat se hace cada vez más urgente.

Algunos de estos problemas deben enfrentarse desde la investigación científica, el desarrollo tecnológico y la organización económica, pero muchos son sobre todo de carácter político. Aquí, ciertamente, necesitamos apoyarnos en lo mejor del pasado de la historia de cada una de nuestras propias culturas (y por lo tanto necesitamos entender esa historia mucho más profundamente de lo que hemos logrado), pero también debemos apoyarnos, con la misma paciencia y atención, en la inmensa variedad de culturas a menudo muy diferentes con las que debemos resolver cómo compartir menos desastrosamente este herido, pero profundamente fascinante territorio. Esta es una tarea para los miembros de toda cultura existente en el mundo. Requiere un ejercicio drástico de interpretación mutua y un riguroso castigo en gran parte de la autoconfianza cultural que cada uno tenemos. Mucho de lo anterior será doloroso y agotador, pero en realidad solo será una transposición del necesario trabajo imaginativo con relación a nuestros respectivos pasados a un escenario nuevo y mucho más amplio.

Ciertamente, no necesitamos apologías filosóficas para reafirmar la obtusidad parroquial ni condescendencias en el desesperado intento de recuperar una situación más circunscrita y tranquilizadora en la cual vivir nuestras vidas, o una falsa seguridad que solo puede ser delirante. Lo que sí necesitamos es compartir el mundo en términos menos peligrosos e indecentes y aprender rápidamente cómo podemos hacerlo. Lo que eso requiere políticamente (por encima de mejor suerte y mayor habilidad en dotarnos de líderes capaces) no es una óptica menos cosmopolita que la ofrecida por Kant, sino un cosmopolitismo que combine una medida mucho mayor de *espíritu animal* con un compromiso más vigoroso con las causalidades extenuantes de la política y la economía y un interés mucho más claro en la heterogeneidad cultural. Tendrá que ser un cosmopolitismo realista, fundado en un mayor entusiasmo por la vida y el compromiso con las distintas formas en que otros seres humanos han elegido vivirla a lo largo del tiempo.

Este no es el tipo de creación intelectual que las universidades cultivan espontáneamente, pero es precisamente el tipo de filosofía que ahora necesitamos y que esperamos encuentre activa acogida más allá de sus muros. No traicionaría el compromiso de responsabilidad y lucidez que la filosofía académica ha asumido al menos en el mundo anglófono, pero desplegaría esos compromisos donde más importa y podría todavía esperar hacer algo bueno para el resto de los habitantes del mundo.

Si tuviera una vaga idea de cómo hacerlo yo mismo habría comenzado a hacerlo desde hace algún tiempo. Por lo menos he intentado mostrar por qué es necesario, así como algunos de los aspectos imprescindibles al respecto, durante casi cuarenta años desde *Western Political Theory in the Face of the Future* (1979) y mi *Political Obligation in its Historical Context* (1980), hasta *Interpreting Political Responsability* (1990), *The History of Political Theory* (1996) y *The Cunning of Unreason* (2000). Más recientemente me he dedicado principalmente a tratar de entender por qué la democracia, nuestra mejor y más vacilante conjetura hasta ahora sobre cómo abordar el problema central de cómo convivir con el otro a lo largo del tiempo en gran escala, se ha transformado a través del mundo a lo largo del tiempo, ha decaído y avanzado como lo ha hecho, desde *Democracy: the Unfinished Journey* (1992) hasta *Setting the People Free* (2005) y *Breaking Democracy's Spell* (2014). Nadie podría confundir ninguno de estos libros con una obra de filosofía, sino que todos ellos son más bien contribuciones que buscan responder a la única e inmensa cuestión sombría con la que una verdadera filosofía necesita ahora lidiar: ¿Cómo pueden los seres humanos compartir su mundo de la mejor manera?

La filosofía, el derecho y la justicia

Otfried Höffe[*]

1. La filosofía del siglo XX es extraordinariamente diversa. Metodológicamente es tanto fenomenológica y hermenéutica, como trascendental y analítica. Si hablamos temáticamente, no solo se han mantenido todas las disciplinas y áreas que le son propias, sino que se han incluido a la vez nuevos campos, como la ética aplicada. Se puede llamar tolerancia epistémica al hecho de que dos tradiciones fundamentalmente diferentes, esto es, la fenomenología por un lado liderada especialmente por Husserl y Heidegger, y por el otro lado el círculo de Viena y de Berlín, así como el pensamiento de Wittgenstein, han atraído la atención de todo el mundo y se han apoderado de muchas ciencias individuales e influido a muchos sectores de la cultura. Lo mismo puede decirse de la filosofía existencialista. Y a pesar del peso que tiene la filosofía del lenguaje (*linguistic turn*), felizmente no se ha impuesto como metodología filosófica. Por lo menos en la segunda mitad del siglo pasado fue afortunadamente reavivada la filosofía política, incluyendo a la filosofía del derecho, mientras que las atrocidades del siglo apenas han dado lugar a una filosofía del mal. Los pensadores de hoy no son de la idea de que tienen que empezar desde cero o de que deben de ocuparse de enfrentar solo a algunos de sus contemporáneos quienes se muestran como filósofos temáticos y metodológicamente cercanos o bien como simples enemigos intelectuales.

---

[*] Universidad de Tubinga. Trad. de Francisco Iracheta Fernández (ITESM-Puebla).

Se dejan inspirar por la riqueza de la historia de la filosofía. Gracias a una historia independiente de la filosofía de altísimo nivel, uno mantiene esta abundante tradición en la memoria y se permite siempre de nuevo inspirarse de ella. En razón de que el idioma inglés ha adquirido cada vez más preponderancia el debate internacional corre el riesgo de perder, sin embargo, su apertura hacia el Otro y los Otros, así como la debida curiosidad. Los principales seminarios de filosofía estadounidense han renunciado a sus requisitos de idioma. En lugar de tomar nota de la literatura de investigación no inglesa mantiene, aunque afortunadamente no toda, un provincialismo mayor: la verdad es que la investigación que no está en inglés no existe para ellos, e incluso la misma literatura anglófona solo se considera selectivamente. Por otro lado, la tarea de participar en discusiones abiertas está siendo descuidada. Y un peligro más: bajo el pretexto de hacer "filosofía analítica" se dan por sentado el naturalismo y el empirismo.

2. La realidad virtual y un generalizado escepticismo requieren tanto más de una filosofía metódica y temática. Los Estados individuales deben de poder -el "Estado-nación" no suena completamente neutral aquí-, lo mismo que las fronteras estatales que atraviesan regiones, servir de útil contrapeso para la vivencia globalizada realmente multifacética y su en sí misma diversidad tridimensional, es decir, la violencia global, la cooperación global y el destino que comparte la comunidad global. Todas las personas experimentan, aprenden o practican, ya sea como turistas, consumidores o internautas; o ya sea como escolares, estudiantes universitarios, docentes o colegas de trabajo; o, en fin, ya sea como amantes del deporte, la música, la literatura o el arte, la globalización multidimensional. Nuestro ciudadano del mundo de Königsberg, Immanuel Kant, es un botón de muestra ejemplar. Y él puede participar de ella sin tener la necesidad de salir de su ciudad natal y de sus alrededores. Pues uno no es este ciudadano del mundo al que a menudo se hace referencia con las élites del *jet set* que están por todas partes del globo, aunque en realidad en ningún lugar se sienten en casa. Ser ciudadano del mundo es optar por una curiosidad casi infinita.

La filosofía debe y puede prepararse para abordar cualquier tema de la experiencia cotidiana y de las ciencias. Así, la filosofía no debe reducirse a ser tan solo una parte o interlocutora sin más de las ciencias sociales y del espíritu. La filosofía tiene que contribuir incluso a fundamentar los debates tanto en la matemática y las ciencias naturales como en los campos de la medicina y la técnica. Y, por encima de todo, debe dejársele a la filosofía que trate directamente la cuestión del derecho y de la justicia, de la sociedad, los negocios y la política, de la conciencia, la auto-conciencia y el lenguaje, de la educación y el arte, sin que tenga que pasar por las ciencias especiales pertinentes.

En este sentido es que la filosofía debe de tener cuidado ante la reducción metódica y temática, y más bien debe entenderse a sí misma como defensora de la humanidad "en sus múltiples problemas". Dos tareas relativamente nuevas se sitúan en esta época de globalización tridimensional: por un lado, y desde esta parte de Occidente, la necesidad de reconocer diferentes pensamientos culturales con el fin de poder conducir con ellos un discurso intercultural; y, por otro lado, luchar contra una cierta ilustración superficial que conduce a una relativización general para identificar y reconocer similitudes básicas entre el derecho y la moral. Estas similitudes se encuentran en la consideración de la justicia, la buena disposición y el valor del coraje, la regla de oro, los principios de equidad procesal y los derechos jurídicos básicos, tales como el cuerpo y la vida, la propiedad y el honor. Hablo, desde luego, de un patrimonio moral universal.

3. La historia de la filosofía que ha prevalecido en el mundo de habla alemana, después de un largo periodo de pensamiento sistemático, en parte de la historia de unas épocas anteriores, en parte de la recepción de estas tradiciones, en parte después del exilio de sus apropiados representantes, ha sido conocida como angloamericana o filosofía analítica. La filosofía alemana se presenta hoy entre estos dos aspectos: por un lado, como mediación entre la filosofía analítica y el pensamiento fenomenológico, hermenéutico, trascendental y dialéctico y, por otro lado, como una filosofía sistemática que de nueva cuenta se halla inspirada por la riqueza de la historia de la filosofía. Puesto que ha venido afirmándose de manera crítica la validez universal, conceptual y argumentativa de la filosofía, ésta tiene ante sí una tercera tarea: o bien renunciar tanto a la declaración de su validez universal como a la idea de una razón compartida comúnmente por la humanidad, o bien hacer de ésta su afirmación, nuevamente en tiempos de la globalización, una suerte de renovación del discurso en forma intercultural y transcultural.

En algunos sitios amenazan dos peligros: una dominación de la filosofía analítica que descuida la propia tradición filosófica (por ejemplo, hay apenas fenomenología e investigación confiable sobre Heidegger), del mismo modo que no hay corrientes alternas anglófonas de pensamiento. Y, en segundo lugar, desde el foco de la ética filosófica en la ética aplicada se corre el riesgo de dejar a un lado a los filósofos morales clásicos y a las preguntas éticas fundamentales.

4. Estoy realmente feliz de compartir con ustedes mis preocupaciones e intenciones filosóficas presentes. Estoy en la posición afortunada de que esta disposición sea alcanzada gracias a un amplio círculo internacional de estudiantes de doctorado, diversas conexiones con colegas de muchas naciones y numerosas traducciones de mis libros.

He terminado y apenas publicado una *Historia del pensamiento político*, en la edición de "Doce retratos y ocho miniaturas". De momento estoy preparando, para la serie editada por mí "Interpretando a los Filósofos Clásicos", un comentario conjunto sobre el tratado *De Cive* de Hobbes que aparecerá en el semestre de invierno 2017/18; y para el año siguiente seguirá otro comentario conjunto sobre la "Doctrina de la Virtud" de Kant. Paralelamente a esto estoy escribiendo, después de varios años como Presidente de la Comisión Ética Nacional Suiza en el área de la medicina humana, un *Altísimo arte del envejecimiento: nueve capítulos de una filosofía del arte de vivir*. También le seguirá posteriormente, después de muchos años de trabajo en un círculo grupal sobre "El proyecto político de Europa y la tradición cultural", un trabajo sobre *El nuevo pensamiento de Europa* o *La nueva medida de Europa*. Finalmente, después de algunos años más de preparativos tengo el plan de elaborar una monografía intitulada *¿Hasta qué punto la justificación de la moral requiere de la religión?*

La filosofía en el espacio público

*María Pía Lara Zavala**

1. No quisiera aludir a lugares comunes, aunque la pregunta solo pueda responderse diciendo algunas cosas que pueden sonar obvias. Tal vez pueda darle un giro a la respuesta introduciendo un análisis de historia conceptual.[1]

Es evidente que el siglo pasado fue el momento histórico en el que se comenzó a trabajar explícitamente el tiempo histórico en debates que se introdujeron a partir de luchas conceptuales reflejadas en cambios de mentalidades y paradigmas para poder plantear mejor ciertos problemas sobre la política, la ética y, en general, la filosofía. Así, parece que los filósofos del siglo pasado dedicaron una gran parte de su tarea a pensar sobre el tiempo y sus problemas en clave histórica, es decir, sobre las transiciones históricas entre dos épocas distintas. Para indicar esta forma de reflexionar acerca de los cambios en las mentalidades (transiciones de la semántica histórica), Reinhart Koselleck acuñó el concepto de *Sattelzeit*, que se refiere a un período entre dos tiempos históricos distintos. Dicha noción se refiere a cambios topográficos de conceptos políticos y sociales. Se trataría de hacer explícito cómo ciertos conceptos usados en el pasado han adquirido nuevos sentidos y con ello

---

* Universidad Autónoma Metropolitana-Unidad Iztapalapa.
[1] La historia conceptual es una metodología desarrollada por el historiador alemán Reinhart Koselleck. Ver: Koselleck, Reinhart. *Futuro Pasado. Para una semántica de los tiempos históricos.* Traducción al castellano por Norberto Smilg (Barcelona: Paidós, 1993).

reflejan cambios sustanciales en la forma en la que se abordan problemas y cuestionamientos.

El primero de estos cambios fue la aceptación del así llamado "giro lingüístico"[2] (gracias a las aportaciones de Heidegger y Wittgenstein). La filosofía contemporánea comenzó por reestructurar las formas y los marcos en los que las figuras del pensamiento se expresaban previamente, mediante el uso del concepto "giro lingüístico", que permitió que se transformaran los temas acerca de la conciencia antes descrita en términos monológicos y, con ello, que se dejaran atrás las perspectivas donde el sujeto aparecía frente a sus objetos y la figura filosófica de la conciencia aparecía como una mónada. Los usos conceptuales, los cambios semánticos y los nuevos marcos de referencia (paradigmas) supusieron un enfoque radicalmente distinto tras la implementación del giro lingüístico. El impulso lingüístico enmarcó todas las problemáticas hasta entonces pensadas como abstracciones, lo que permitió la aparición del concepto de "intersubjetividad", sustituyendo a las conciencias monistas, mediante el cual se dejaron atrás las referencias del lenguaje en abstracto y se enfocaron las perspectivas concretas sobre los lenguajes como formas de vida -en plural-, y las culturas y su conocimiento como inseparables de su marco histórico. Esta forma de enfocar los problemas y sus marcos de referencia permitieron un desplazamiento más amplio hacia cuestiones tales como las interpretaciones sobre la reaparición semántica del concepto de pluralidad, de las culturas y su diversidad como formas de vida, de las referencias a las interpretaciones como traducciones entre los lenguajes y a las

---

[2] Esta expresión fue acuñada por Richard Rorty. Ver: Rorty, Richard. "Introduction" publicado en: *The Linguistic Turn. Essays in Philosophical Method.* Chicago: The University of Chicago Press, 1967.

formas de vida como interpretaciones de sentido. El paradigma lingüístico transformó las formas teóricas en las que el observador (el teórico) fue sustituido por la del participante (actor y espectador simultáneamente) y las interacciones sociales podrían interpretarse solo a partir de horizontes de sentido. Diversas formas de hermenéutica e intentos de problematizar lo social, lo político y aun lo epistemológico vinieron a cuestionar los relatos últimos o las justificaciones finales, las ideas de verdad como absolutas, las interpretaciones históricas y el papel de la historicidad reflejada en cambios de la semántica de los conceptos. Este tipo de análisis pone el énfasis en el surgimiento de los problemas particulares y de los conceptos asociados con mentalidades sobre cuyos orígenes pueden hacerse estudios a partir de las diversas transformaciones históricas sufridas desde la acuñación del concepto originario. La fenomenología, la hermenéutica, la historia conceptual, la antropología cultural, cobraron fuerza recuperando con ello no solo la diversidad cultural y la pluralidad de lenguajes, sino también otra forma de pensar sobre la modernidad.

Por otro lado, la pluralidad de lenguajes también se vio reflejada en discusiones donde las comparaciones y contrastes entre culturas y la reflexión sobre "la modernidad" dieron paso a críticas sobre cómo se había pensado en un tiempo "trans-histórico" como un solo modelo de modernidad (etnocéntrico). En su lugar, se hizo la transformación semántica de la utilización de proyectos plurales -modernidades[3]- en lugar de un solo patrón normativo siempre con referencia a lo europeo. Así, los afijos "pre", "anti" o "post" se convirtieron en referentes

---

[3] Este concepto fue acuñado por Shmuel Einsestadt. Ver su texto "Multiple Modernities" en *Daedalus* (invierno del 2000, p. 129).

históricos de los diversos momentos en los que la historicidad fue enmarcada como épocas o "transiciones" históricas desde donde los discursos críticos emergieron a partir de un debate sobre el uso y la semántica de los conceptos. Con el supuesto fin de la modernidad (denotado como "posmodernidad") el espacio filosófico se abrió hacia formas nuevas de concebir los temas y los problemas filosóficos. Autores tales como Michel Foucault, Jacques Derrida, Jean Francois Lyotard o Roland Barthes emprendieron así la embestida contra los grandes relatos, el ataque a formas disciplinarias constitutivas de formas de la subjetividad, cuestionaron la idea del autor y, en fin, sustituyeron el concepto de origen o creación original por el de "iteración".

Al mismo tiempo que estos filósofos franceses comenzaron a romper con formas tradicionales de enfocar los problemas de la filosofía, otros autores como Jürgen Habermas y John Rawls recuperaron el territorio perdido de la disciplina de la ética y de un tipo normativo de hacer filosofía política. Con ellos, el viraje conceptual se introdujo primero a partir del cuestionamiento sobre el concepto de justicia y las redes conceptuales asociadas con dicho concepto. Tal vez el logro más importante del cambio de mentalidad expresado en la red conceptual del concepto de justicia fue su correlación con la idea moderna de democracia participativa, cuya red temática produjo la renovación semántica del concepto de espacio público, de la sustitución de la soberanía del uno, por conceptos resemantizados de una participación ciudadana que encarna el tipo de soberanía popular (responsabilidad, agencia política, actores sociales, etc.). Tras esta defensa conceptual se hallaban los textos de Kant y Rousseau y la idea de soberanía popular y un nuevo esfuerzo por articular el sentido moderno del concepto de república (de origen romano) a partir del énfasis semántico en los espacios institucionales y las constituciones democráticas. El centro de este nuevo imaginario social permitió la aparición de diversos movimientos sociales (desde los movimientos políticos articulados en torno a la idea de los derechos hasta la aparición de otros grupos y movimientos sociales que exigían el reconocimiento de los derechos de participación y de inclusión social). El espacio de transiciones históricas sobre las mentalidades y los usos conceptuales ha continuado con "el giro cultural", "el post-colonialismo", "la post-secularización" y ahora se habla de la "post-democracia". Sin duda el uso de estos prefijos muestra que el debate de las ideas y de los conceptos es más que un debate puramente teórico: se trata de luchas sobre las diversas visiones del mundo con que los actores políticos (y los autores) pretenden influir en las sociedades generando con ello nuevos imaginarios sociales. Y ésta es la característica más importante de las batallas conceptuales acerca de los cambios de semánticas en la historia de las ideas, sobre la política y sobre cómo los problemas con los que nos enfrentamos pueden ser mejor captados a través del uso y acuñación de conceptos.

Sin embargo, la transformación más radical de la filosofía del siglo XX vino con las teorías feministas, las cuales permitieron que se hicieran evidentes los distintos anacronismos con los que las filosofías consideradas como modernas trataron a las mujeres como ciudadanas de segunda categoría. En principio, las mujeres filósofas y las historiadoras, sobre todo, comenzaron a cuestionar la idea de universalidad al definir "al individuo", "al ciudadano", al "hombre blanco" como representante universal de la humanidad. Aún ahora, hay culturas (como la española) que reniegan de la necesidad de reconocer que los conceptos usualmente encarnados bajo términos masculinos no pueden ser utilizados como un universal si con ello se justifican los legados conceptuales que legitimaron a los hombres blancos (europeos) como los representantes universales de los seres humanos y sus derechos. Simultáneamente emergieron las historias de las mujeres (escritas por historiadoras), las cuales se concentraron en cuestionar la ciudadanía de segunda clase de las mujeres y la rígida separación entre lo público y lo privado, la domesticidad y el trabajo asalariado, el mundo político y la esfera pública masculina, además de la radical desigualdad existente entre los géneros. Hay que reconocer que el cambio de mentalidad no ocurrió a un nivel teórico solamente, sino que simultáneamente los grupos de activistas feministas comenzaron a participar en la vida pública exigiendo con ello la radical revisión de su estatus político con el derecho político de participar en términos de igualdad. Este derecho ha sido acuñado con el concepto de "paridad de participación" por la filósofa feminista Nancy Fraser.[4] Como he dicho antes, hay intereses que pretenden disminuir el impacto global de los movimientos feministas y estas son actitudes conservadoras que pueden apreciarse al ver los esfuerzos por tratar de proponer el prefijo de "post-feminista" a esta nueva transición histórica.

2. Como mejor se puede definir la transición actual es con el término "post-democracia", pero no aludiendo a lo que Pierre Rosanvallon ha denominado con el término de "contra-democracia" (2008) para definir a los movimientos progresistas que son contestatarios de las democracias existentes, sino como

---

[4] Ver: Fraser, Nancy y Honneth, Axel. *Redistribution or Recognition? A Political-Philosophical Exchange.* Nueva York y Londres: Verso, 2003.

parte del triunfo del capitalismo financiero, el cual ha terminado por destruir las raíces modernas construidas alrededor de las redes del concepto de democracia constitucional. El prefijo "post" define así a una etapa posterior al fin o al desmantelamiento de la red conceptual de las "democracias" contemporáneas. La vuelta a la revisión de la obra de Karl Marx no tiene solo un interés teórico. Su recuperación y legado ha resurgido como parte de la reacción al desmantelamiento y defenestración del concepto de "Estado social de bienestar" y de la democracia como horizonte ciudadano de participación colectiva como soberanía popular. Los gobiernos de Margaret Thatcher y Ronald Reagan comenzaron por destruir el tejido social de los movimientos sociales, aplastaron a los sindicatos, borraron los programas sociales con los que el Estado protegía a la ciudadanía. Thatcher terminó declarando "que la sociedad no existía, solo los individuos". La caída del muro de Berlín representó también la justificación del éxito del capitalismo al borrar toda otra posible alternativa. Esta transición histórica permitió la aparición de expresiones tales como el anunciado "fin de la historia", el "fin del comunismo", y el objetivo político fue el de eliminar del imaginario social la idea de grandes transformaciones asociadas a proyectos políticos de gran alcance (revoluciones, transformaciones radicales con la aparición de conceptos innovadores). Se cerró casi al mismo tiempo la idea de "futuro", las filosofías de la historia fueron reconocidas como metafísicas y la práctica desaparición de las agendas políticas de la izquierda en Europa. Con ello, el imaginario colectivo dejó de ser contestatario contra el capitalismo.

La primera gran obra en tratar esta gran transformación histórica la escribieron Luc Boltanski y Eve Chiapello con su libro *El nuevo espíritu del capitalismo* (1999). Ellos aludían no solo a esta nueva forma de capitalismo financiero, sino a cómo los sujetos sociales habían modificado sus proyectos individuales (aun los limitados esfuerzos de las ONGs) bajo una redimensionalización de corte estético aludiendo a las identidades colectivas. A las políticas de la identidad se las denominaba con términos como el de "autenticidad" y a sus objetivos políticos con el de "reconocimiento". Estos conceptos sustituyeron a otros conceptos asociados a las clases sociales, las luchas sindicales, los derechos y programas políticos del Estado social de bienestar, etc. Las ambiciones más radicales vinculadas a la igualdad, la redistribución de la riqueza y las revoluciones fueron rápidamente sustituidas por reclamos de inclusión social menos radicales, por ligeras modificaciones (o aun grandes) de tipos muy particulares. La ausencia de cuestionamientos contra las nuevas formas que adquirió el capitalismo quedó mejor expresada con el giro hacia el centro de la mayoría de los partidos políticos de Europa y de Estados Unidos. Con el surgimiento de esta nueva etapa del capitalismo, los conceptos que ocuparon el imaginario social fueron redes conceptuales tejidas en torno al mayor concepto que dicta la hegemonía capitalista: el "neo-liberalismo" y su exitosa transición hacia la despolitización.

Así, el desmantelamiento del *demos*,[5] la globalización del capital y la explosión de los avances tecnológicos reflejados en los usos y dispositivos tecnológicos (internet) lograron resemantizar los objetivos de la política por una anti-política, a los agentes sociales colectivos (sindicatos, partidos) por agentes individuales (con proyectos estéticos y anti-políticos), al

---

[5] Ver: Brown, Wendy. *Undoing the Demos. Neoliberalism Stealth Revolution.* Nueva York: Zone Books, 2015.

desmantelamiento del espacio público por la publicidad de las vidas privadas vía internet y como objetos de consumo. El proyecto del Estado de bienestar ya desmantelado fue el de convertirlo ahora en un socio administrativo más del capital. La obra que me parece más destacada en torno a la revisión y la recuperación de Marx en clave del capitalismo financiero es el trabajo de Nancy Fraser.[6] En los últimos años, ella se ha dedicado a problematizar el diagnóstico realizado por Karl Polanyi con su libro *The Great Transformation* (1944), donde él explicaba cómo el capitalismo entraba en crisis y gracias a los movimientos sociales, que ejercían presiones para poder producir transformaciones, se renovaba el proyecto social bajo un modelo de Estado de bienestar cuyas exigencias eran las de proteger a los ciudadanos. Tal fue su idea de lo que supuso la creación de un concepto nuevo de Estado y por eso lo llamó la gran transformación (ocurrida tras la Segunda Guerra Mundial). Para Fraser, los límites del diagnóstico de Polanyi se hacen evidentes cuando vemos ahora desaparecer al Estado de bienestar y nos enfrentamos a una nueva crisis. Las transformaciones del capitalismo no lo destruyen, según Fraser, lo fortalecen. Por eso ella apela a la idea de retomar el concepto de emancipación.

Así, en los últimos tiempos Fraser retoma el concepto de crisis (que ha sido un concepto importante para anteriores transiciones históricas) para poder ejemplificar a través de los dos Karls -Marx y Polanyi- sus concepciones sobre las crisis del capitalismo y lo que cada uno de ellos concibe como el necesario resultado de las mismas. En palabras de Fraser, las crisis se van sucediendo en diversas etapas históricas, en las que

---

[6] Ver: Fraser, Nancy. "Legitimation Crisis? On the Political Contradictions of Financialized Capitalism", publicado en la revista *Critical Historical Studies*, vol. 2, núm. 2 (otoño 2015), pp. 157-189.

el capitalismo se renueva e históricamente se rehace gracias a las presiones sociales de los diversos actores políticos. Pero cuando emergen las grandes crisis de legitimidad, como en la época presente, solo la crítica radical puede hacernos conscientes de que las transformaciones son únicamente "vitaminas" para el capital que renace gracias a que reinserta las críticas para fortalecerse. Las crisis son periódicas y jamás resolverán el problema de la explotación y la gran desigualdad. Lo que ahora ha ocurrido es un divorcio entre las fuerzas progresistas y la actividad política de los ciudadanos.

Fraser coincide en muchos aspectos con el diagnóstico de Boltanski y Chiapello y con el de Wendy Brown. Pero la perspectiva de Fraser es haber hecho un esfuerzo por recuperar la idea de crítica radical unida al concepto de emancipación y con ambos generar un contradiscurso contra la hegemonía del capital. Con su análisis sobre las crisis de legitimidad (antes trabajada por Habermas, 1973) Fraser insiste en conceptualizar el contenido de la emancipación como el convencimiento de que el capitalismo se renueva pero jamás transforma su objetivo final: concentrar la riqueza en aquellos pocos (el 1%) que son las élites económicas y políticas.

3. Esta pregunta me parece compleja, pero no porque no existan excelentes trabajos de filosofía en México, sino porque es difícil acotar cuál de ellos pueda ocupar e influir en las sociedades actuales, que es lo que a mí me interesa.

La filosofía en México no ha terminado por generar un pensamiento característico que pueda ser expuesto en forma de tradición. Sin embargo, el trabajo de muchos filósofos ha sido valioso y central para discusiones permanentes. La última etapa del trabajo de Luis Villoro, por ejemplo, fue desarrollada por su interés en dar cabida a los reclamos de los zapatistas y esta preocupación influyó en su comunitarismo.[7] Pero es dudoso que en unos años ése sea el trabajo que más se recuerde de él y no sus anteriores etapas mucho más interesantes.[8] Al menos se puede decir que a él le preocupó reaccionar teóricamente frente a lo que estaba pasando en México y que por eso sintió que debía enfrentarlo con la responsabilidad propia de un actor comprometido. Los trabajos antropológicos/filosóficos de Néstor García Canclini son los que mayor repercusión han tenido y constituyen una valiosa aportación a problemas sobre la modernidad, la globalización y la cultura.[9]

El trabajo de Nora Rabotnikof, primero sobre el concepto de espacio público, después sobre la memoria histórica y ahora sobre los tiempos políticos actuales es para mí el trabajo más destacado, lo que la convierte en la pensadora sobre política más original y profunda.[10]

---

[7] Por ejemplo, Villoro, Luis. "Autonomía y ciudadanía de los pueblos indios", *Revista internacional de filosofía política*, núm. 11, 1998, pp. 66–78.

[8] Por ejemplo, Villoro, Luis. *Creer, saber, conocer*. México: Siglo XXI, 1982; Villoro, Luis. *El concepto de ideología y otros ensayos*. México: FCE, 1985; Villoro, Luis. "La mezquita azul. Una experiencia de lo otro", en *Vuelta*, vol. 9, núm. 106, pp. 17-28; Villoro, Luis. *El poder y el valor. Fundamentos de una ética política*. México: FCE/El Colegio Nacional, 1997.

[9] Por ejemplo, García Canclini, Néstor. *La sociedad sin relato. Antropología y estética de la inminencia*. Buenos Aires y Madrid: Katz Editores, 2010; García Canclini, Néstor. *La globalización imaginada*. Barcelona: Paidós, 1999; García Canclini, Néstor y Piedras, Ernesto. *Las industrias culturales y el desarrollo de México*. México: Siglo XXI, 2008.

[10] Por ejemplo, Rabotnikof, Nora. *En busca de un lugar común. El espacio público en la teoría política contemporánea*. México: Instituto de Investigaciones Filosóficas/UNAM, 2005. Rabotnikof, Nora. "Discutiendo lo público en México", en Merino, Mauricio (Coord.). *¿Qué tan público es el espacio público en México?*. México: Universidad Veracruzana/FCE, 2010, pp. 25-57. Rabotnikof, Nora. "De conmemoraciones, memorias e identida-

También hay trabajos sobre la violencia en México que han intentado hacer un análisis de cómo el Estado mexicano ha combinado el autoritarismo y la represión con momentos y programas sociales y ha encadenado las guerras represivas contra los movimientos sociales con la guerra contra el narcotráfico.[11] Diversos trabajos han abordado la problemática más importante de la política actual en México: desde la corrupción y el clientelismo estatal hasta las grandes represiones a los movimientos campesinos que terminan combinando a la guerra sucia con el narco-estado.

Seguramente es posible encontrar mucho material entre los historiadores y los antropólogos (estoy pensando en autores como Roger Bartra, por ejemplo), pero la filosofía mexicana aún necesita prestar mayor atención a lo que ocurre dentro del país y abordar los problemas que tengan más resonancia entre los actores políticos y generar con ello nuevas conceptualizaciones.

4. Yo escribí un libro sobre el mal, con el cual pretendí elaborar una teoría que conectara a las realidades concretas con la problemática de enfrentar los cambios políticos una vez que los regímenes autoritarios y las grandes épocas de violencia pudie-

---

des", en Leyva, Gustavo; Connaughton, Brian; Díaz, Rodrigo; García Canclini, Néstor e Illades, Carlos (Coords.). *Independencia y Revolución. Pasado, presente y futuro*. México: FCE/UAM, 2010, pp. 3-26. Rabotnikof, Nora. "El exilio como experiencia y como aprendizaje", en Fernández, Miguel Ángel y Hurtado, Guillermo. *Normatividad y argumentación*. México: Instituto de Investigaciones Filosóficas/UNAM, 2013, pp. 305-319. Mudrovcic, María Inés y Rabotnikof, Nora. *En busca del pasado perdido: temporalidad, historia y memoria*. México: Siglo XXI, 2013.

[11] Illades, Carlos y Santiago, Teresa. *Estado de guerra: de la guerra sucia a la narcoguerra*. México: Ediciones Era, 2014.

ran haber quedado atrás.[12] El tema de la refundación de una comunidad política, las guerras de la memoria y las formas en las que la justicia se puede materializar estaban entre los temas abordados en ese libro. Hace tiempo que estoy trabajando junto con Elías Palti en un libro que pueda enfocar teórica e históricamente los problemas de repensar la violencia en Latinoamérica. Todavía está en proceso.

---

[12] Lara, María Pía. *Narrar el mal. Una teoría postmetafísica del juicio reflexionante*. Barcelona: Gedisa, 2009.

Un diagnóstico de la filosofía

Sergio Pérez Cortés[*]

Ofrecer un punto de vista de lo que la filosofía es para cada uno de nosotros supone, en alguna medida, hacer un diagnóstico del papel que la disciplina debe cumplir en nuestro presente, de los principios básicos que es preciso defender y de aquello que conviene transmitir a las nuevas generaciones que se forman a nuestro lado. Me encuentro en este caso y por tanto me permito enunciar, a grandes rasgos, los fundamentos que me parecen más significativos de nuestro quehacer. Primero, una defensa de la razón que está activa en nuestra actualidad, que se oponga al escepticismo y la incertidumbre. Luego, una afirmación del conocimiento como algo que existe, que es real y no solo un fin inalcanzable o siempre postergado. En tercer lugar, una fundamentación de la potencia insuperable del pensamiento como medio para comprender lo verdadero. Finalmente, un sustrato firme para la libertad: de la libertad del pensamiento y de la libertad individual y colectiva en el plano práctico. La filosofía debe proponerse como tarea fundamental comprender su presente en el orden causal y necesario que lo anima, porque solo de ese modo, comprendiendo el lugar que le corresponde, el filósofo llegará a comprender-se. Desde luego, todas estas son grandes palabras que presentadas como una convicción apenas si comprometen al que las enuncia y a nadie más. Quizá pierdan un poco su carácter arbitrario si logro exponer las razones en

---

[*] Universidad Autónoma Metropolitana-Unidad Iztapalapa.

que se fundamenta esta convicción, causas que, inevitablemente, se identifican completamente con mi itinerario personal.

¿Cómo se forma una convicción? Mi primer acercamiento significativo fue con la obra de madurez de Karl Marx: *El Capital.* No fue una aventura solitaria sino resultado del esfuerzo colectivo de un seminario. Ahora bien, empezar por la teoría de Marx es una de las experiencias más duraderas para cualquiera que se inicie en las ciencias humanas: es habituarse a respirar el éter del concepto. El rigor implacable, el entrelazamiento de los conceptos históricos, económicos y políticos coloca al lector, de un solo golpe, en el dominio del conocimiento y en la certeza al interior de uno mismo de que es perfectamente posible comprender la estructura esencial de las sociedades contemporáneas. Spinoza tiene razón en este punto: empezar por las ideas verdaderas es transformar la mente insertándola en el orden causal de las ideas y es también resentir, en primera persona, la potencia del pensamiento. Algunos llaman "dogmatismo" al hecho de permanecer fiel a las proposiciones de *El Capital*, pero se equivocan. La cuestión no es permanecer siempre al lado del mismo dogma o del mismo hombre; con Marx se trata de plantarse firmemente en el orden de las razones, en el dominio del trabajo conceptual que no obedece a las leyes del tiempo y por tanto no puede ser "superado". En un discurso genuinamente teórico hay una suerte de intemporalidad que hace que su fuerza se renueve apenas se la vuelve a visitar, porque su fortaleza le viene del orden lógico, de la adecuación perfecta de las categorías entre sí. Y esa es una experiencia duradera: llegado a un cierto punto del conocimiento, la mente ya no puede dar marcha atrás. En el discurso verdadero domina solo la ley de la progresión y la acumulación. Desde luego, sabemos mucho más desde la fecha de publicación

de *El Capital* pero esto no lo hace menos verdadero porque como una etapa del conocimiento que es, es perfecto en su género y por tanto, aun si el conocimiento se ha ampliado, Marx participa en la progresión de las formas más acabadas de la verdad.

Nuevamente parece que no he hecho más que enunciar una nueva convicción. No del todo sin embargo: he expuesto, si bien de manera externa, la percepción espontánea del entendimiento cuando comprende. Por ello quisiera plantear la continuación así: ¿cómo reconocer que se ha llegado a la verdad? La repuesta que he creído encontrar es: se llega a ella comprendiendo el camino que se ha debido recorrer para llegar a esas ideas verdaderas. El subtítulo de *El Capital* lo sugiere: "Crítica de la economía política". Con esto, Marx advierte que ninguna teoría surge del simple impulso de la imaginación, sino de una relación particular, "crítica", con las ideas y las doctrinas que le anteceden y le sirven de punto de partida. Si se quiere comprender qué es el conocimiento es indispensable asistir a su producción, esto es, a la manera en que sus conceptos aparecen mediante la labor que el entendimiento debe ejercer sobre sí mismo. Es por eso que para mí ha sido fundamental una corriente epistemológica que tiene como punto de partida la cuestión de la producción material del conocimiento: es la llamada "epistemología histórica" cuyos nombres principales son Gaston Bachelard, Georges Canguilhem, Michel Foucault y Louis Althusser.

La exigencia de Althusser consiste en leer *El Capital* como filósofos, es decir, formulando al texto ciertas preguntas a fin de sacar a la luz la filosofía que en él está latente pero no explícita. Leer activamente es problematizar el escrito, interrogarlo acerca del objeto que propone, la manera en que lo constituye, los procedimientos a los que obedece. Esta simple demanda tiene una consecuencia decisiva: comprender una teoría no es recibir pasivamente una serie de proposiciones que algún pensador ofrece; conocer filosóficamente una teoría es seguir al autor en la experiencia específica que le permitió formular un nuevo objeto. Conocer lo verdadero es conocer el laberinto mediante el cual una teoría ha producido lo verdadero. Lo verdadero no tiene otra justificación, ni la necesita, que su propio itinerario. Tal demanda exige pues un esfuerzo, un trabajo de transformación que por su naturaleza sucede por completo en el pensamiento. Althusser lo llamaba "práctica teórica". Muchos de sus contemporáneos lo llamaron "teoricismo" y abjuraron de él. A mi juicio, con ello cancelaron algo esencial de nuestra tradición, al menos desde Kant: el hecho de que la filosofía es, en su forma más elevada, pensamiento que piensa al pensamiento, pensamiento que se toma por objeto a sí mismo para auto-comprenderse en el acto de conocer, pensamiento que conoce al pensamiento que conoce. La filosofía es la acción reflexiva por la cual el pensamiento se hace completamente inteligible a sí mismo. Con ello se afirma que el conocimiento no es la representación mental pasiva de una realidad exterior; por el contrario, el conocimiento es resultado de un trabajo que el entendimiento debe hacer sobre sí mismo para sobrepasar su perspectiva inmediata. No es verdad que con esta valoración del pensamiento como práctica de transformación del objeto se renuncie a conocer la realidad concreta: significa solamente que toda realidad concreta, para ser verdaderamente conocida, debe ser transformada en categorías y conceptos, es decir, debe convertirse en un problema *del* y *para* el pensamiento.

Más aún, comprender el conocimiento desde el punto de vista de su producción permite, como lo afirma Althusser siguiendo en ello a Spinoza, que el impulso del conocer no cese nunca, porque su impulso no se debe a ninguna otra cosa exterior sino solo a su propia potencia. La acción de conocer, esto es, de producir ideas verdaderas no tiene límites pre-establecidos pues consiste justamente en hacer retroceder constantemente los límites que ella misma se plantea. No hay pues ninguna justificación para tratar de imponer, desde el exterior, algún límite definitivo que el conocimiento sería incapaz de superar. Por el contrario, es preciso admitir que con cada conocimiento nuevo el espíritu pensante se hace más consciente de sí, se hace más coherente, se profundiza. Es difícil encontrar una barrera más eficaz contra el decaimiento y la derrota: si se logra transmitir al joven filósofo la convicción de que el conocimiento se desenvuelve sin cesar nunca, porque depende de la pura potencia del pensar verdadero, su vida interior futura está a salvo.

Al interior de cualquier espíritu, en un momento dado, se libra una dialéctica, una confrontación entre la fuerza de la verdad y la tenacidad del error. Es porque la aparición de lo verdadero no puede borrar de inmediato, como por arte de magia, la pesadez de las evidencias primeras. Esta es una de las lecciones que debemos a Bachelard. Es preciso saber reconocer la transformación que separa una conciencia pasiva que cree saber, de una conciencia activa que se apresta a conocer. Es cierto que todo conocimiento empieza por la experiencia ordinaria, pero después de un cierto momento el conocimiento exige cambiar esa visión ordinaria de las cosas. El cono-cimiento no es una suerte de perfeccionamiento gradual de los prejuicios sino su completa erradicación, una ruptura que en algún momento obliga a la conciencia a transformarse completamente, a adoptar una forma que no tenía previamente. Es por eso que la producción del conocimiento se entiende mejor en términos de "obstáculos epistemológicos", esto es de aquellas barreras que han debido ser superadas. La producción del objeto en su verdad es simultáneamente el reconocimiento de los errores que han debido ser disipados: saber es también saber que no se sabía y sobre todo saber *por qué* no se sabía. Seguir la dialéctica que se establece en cada momento entre la verdad y el error es comprender el camino tortuoso que lleva a la comprensión.

Bachelard insiste además en que, puesto que el conocimiento de los objetos es exactamente la producción conceptual de esos objetos, hay una coincidencia perfecta entre el objeto conceptualmente conocido y el pensamiento que lo ha producido. Y hay una diferencia de naturaleza y no solamente de grado entre el objeto real y el objeto conceptual. El objeto realmente conocido es un objeto conceptual, producto del pensar; es la verdad esencial del objeto real pero no se parece a éste: el objeto conceptual explica pero no imita ni suplanta al objeto real. Así asistimos a la "productividad" particular que tiene el pensamiento teórico. Es por esta productividad que "conocer" es sinónimo de "crear", es decir hacer emerger objetos nuevos cuya existencia se debe enteramente a los conceptos que los han hecho emerger. El conocimiento no se dedica a explicar los objetos que la conciencia cotidiana frecuenta. Hace mucho tiempo que el conocimiento científico (y Marx es un ejemplo) dejó de encontrar impulso en las "cosas reales". Ha sucedido más bien que la progresión del conocimiento ha dado "realidad" a una multitud de objetos conceptuales que la conciencia común no es capaz siquiera de imaginar. El conocimiento es a la vez expansión de la realidad y expansión de la razón que comprende esta realidad. En otras palabras: no existe una Razón intemporal e inmóvil que se encontraría en el origen de todo conocimiento; a la inversa, la razón es aquello que siempre está en marcha: cada nuevo conocimiento es simultáneamente una nueva forma de la razón que así se constituye en su propia historia. Desde la perspectiva que adoptamos, la filosofía es comprensión de la razón en su propio devenir incesante.

Ahora bien, cuando se reflexiona sobre la teoría es preciso destacar la categoría que le es específica: los conceptos. La contribución de Canguilhem consiste en mostrar que la progresión del conocimiento está centrada precisamente en la trayectoria accidentada, compleja y a veces vacilante, de los conceptos. ¿Qué es un concepto? No es otra cosa que una idea o una serie de ideas completamente determinada dentro de una serie de relaciones de dependencia respecto a otras ideas. Por lo tanto, un concepto pertenece por entero al sistema de implicaciones y derivaciones que lo ha hecho emerger en una posición específica. Debido a ello, un concepto no puede emigrar fácilmente del sistema que lo creó. Una idea no puede ser llamada verdadera fuera de este orden lógico; no es verdadera sino hasta el momento en que se convierte en concepto porque solo entonces se encuentra perfectamente definida por su vinculación con otras ideas y otros conceptos.

Lo anterior parece abstracto, pero de esta manera se llega a una historia material del conocimiento. Es porque de ese modo la razón pensante y sus conceptos quedan firmemente atados a su momento y a su geografía. La historia del conocimiento deja de ser la aventura subjetiva de una voluntad "libre" a la cual se le pudo ocurrir cualquier idea en cualquier momento. No se puede pensar ni decir cualquier cosa en cualquier momento. No se puede admitir que un concepto pudo ser anticipado siglos antes por un acto inexplicable de adivinación. Ya no es posible hablar de "prefiguraciones" del conocimiento y la idea de un "ancestro" remoto queda totalmente excluida. Tampoco se puede ya hablar de razón "en general" sino de la puntual construcción de la razón, esto es, de la serie de procedimientos mediante los cuales la emergencia de los conceptos le otorgó cierta forma. Es posible en cambio construir una "historia natural" de la razón si por ello se entiende la sucesión de formas específicas en las que se han formulado los problemas y han recibido una solución conceptual. La historia de la ciencia es idéntica a la historia de la razón porque sin ese itinerario la razón no sabría nada de sí misma.

En esta comprensión de la razón como producción histórica el nombre de Michel Foucault es especialmente relevante. La trayectoria misma de Foucault es ya una lección de filosofía: el suyo es un pensamiento que se dejó llevar por el impulso de los problemas y no por un designio previo establecido por el autor. Es por eso que la conciencia de sí mismo, de su significado y su coherencia se alcanzó solo al final, como resultado del trayecto. Con su obra se cumple el precepto que quiere que la filosofía sea una empresa crítica. Lo es en un doble sentido. Primero porque no admite como evidentes de suyo ni los objetos que se propone investigar, ni el sujeto pensante que los reflexiona. Antes de aceptar la presencia del loco o del criminal como una evidencia se trata de reconstruir los dispositivos históricos, políticos y discursivos cuya confluencia permitió la irrupción de esas figuras inquietantes. Así, el lector de Foucault encuentra desplegada ante sus ojos la aparición del loco y del criminal como resultado necesario de un juego de poder y de saber en que descansan los procesos actuales de normalización y de exclusión. "Criticar" en el sentido filosófico (y aquí está todo Marx) quiere decir mostrar arqueológica y genealógicamente el laberinto que nuestras figuras familiares han debido remontar antes de presentarse en la experiencia. Simultáneamente, "criticar" al pensamiento significa mostrar la manera en que ese mismo itinerario logró construir las herramientas conceptuales con las que otorga significado a esa misma experiencia. A pesar de todos los devaneos que lo caracterizaron, Foucault pertenece a la raíz crítica más vigorosa de la modernidad.

He dejado para el final dos filósofos que, ciertamente, sostienen todo el andamiaje anterior: son Spinoza y Hegel. Si la filosofía de la modernidad puede ser descrita como una reflexión sobre la madurez de la humanidad y por ende de su libertad, entonces ambos se encuentran entre sus exponentes más altos. Para ambos, el alma y la razón, a pesar de su finitud tienen los medios para conocer la verdadera esencia de las cosas, sin dejar el menor resquicio de duda. Al proceso por el cual el alma y la razón trascienden su finitud uno lo llama "reforma del entendimiento" y otro lo llama "lógica". La lección de Spinoza es que lo verdadero está al alcance humano, pero al precio de reformar el entendimiento llevándolo hasta el orden causal y necesario por el cual se producen ideas adecuadas y verdaderas. Está en la naturaleza intrínseca del entendimiento conocer la verdad y el problema es más bien cómo remover los errores de la imaginación que lo impiden. No es la verdad la que plantea un problema a la filosofía, sino el error. Más aún, la producción de ideas verdaderas coincide perfectamente con la realización de la potencia más alta de la esencia humana. No hay forma de realización más alta que el "amor intelectual de Dios", esto es, el amor de la naturaleza a la que pertenece el ser humano. Nadie ha planteado una relación más estrecha entre conocimiento y vida ética que Spinoza. Es por eso que proponerse conocer la verdad no es solamente una cuestión teórica o una decisión moral, sino una elección existencial, porque no es posible elegir el bien si no se conoce la verdadera naturaleza de las cosas y nuestra verdadera naturaleza. Hay que saber, para saber vivir.

En Hegel se encuentra algo adicional: la demostración, en el dominio mismo de la metafísica occidental, de que la unidad entre el ser y el pensamiento es la única solución plausible para las aporías de un ser humano que busca la verdadera libertad. El proyecto de Hegel es gigantesco, pero de ninguna manera absurdo: mostrar que todo lo que existe, en el cielo y en la tierra, es susceptible de ser comprendido por el trabajo del intelecto y que este trabajo es simultáneamente aquello que mediante el trabajo práctico otorga forma efectiva del ser en la existencia. Todo lo que existe, material y espiritualmente hablando, es producto de la reflexión y la práctica humanas y, como tal, accesible a la comprensión racional. Antes que Marx, y por sus propios medios, Hegel ha elaborado una filosofía de la transformación histórica mediante el trabajo humano, tanto en el plano reflexivo de la razón como en plano práctico de la existencia. Él propone una reconciliación absoluta entre lo que es interior al pensamiento y lo que es externo en la objetividad del ser. Los seres humanos pueden, según Hegel, guiados por su razón imprimir en el mundo objetivo todos sus propósitos y sus fines. Y esta unificación, que llama Concepto o Idea y que no descansa en ninguna armonía preestablecida sino en el esfuerzo, es la mayor verdad, la única verdad. Y no queda ningún misterio adicional. Y no hay lugar para el escepticismo o la melancolía.

En resumen, la razón, la fuerza del pensamiento y la libertad son categorías que pertenecen a una larga tradición filosófica que, a mi juicio, aún hoy honra a la disciplina. Hegel tiene razón y a pesar de todas sus diferencias doctrinales la filosofía es una sola y la anima un único impulso: el esfuerzo hecho por el ser humano para comprender su lugar en el mundo, para conocerse a sí mismo y para alcanzar gradualmente una mayor conciencia de sí, una afirmación mayor y más lograda de su libertad mediante la razón.

Filosofía: ética y humanismo

*Francisco Piñón Gaytán**

1. Hoy, ante el filósofo, aun aquel que no haya tenido desencantos o desilusiones metafísicos, se presenta un escenario global de proporciones casi apocalípticas. Se presenta ante el filósofo, como filósofo, un problema ético global: ¿Qué hacer? ¿Qué papel aguarda hoy en la filosofía que como disciplina y como definición es la que busca, precisamente, la *sabiduría*? Creo que la "filosofía" y, en buena parte, los filósofos como filósofos siempre han tenido conciencia de la problemática mundial. Ha sido históricamente su trabajo. En esto no tengo dudas radicales. La filosofía, en ese sentido, goza de buena salud. Es expresión del pensamiento humano, aunque éste sea muchas veces terriblemente anti-humano. Pero no me refiero a su fisicalidad o a su fenomenología, sino a sus problemas éticos, de globalización mundial, de gobernabilidad y de convivencia, en la forma y medida en que hoy se visualizan. Ante este panorama, la filosofía sí tiene en esta contemporaneidad un reto específicamente importante: señalar los caminos por los cuales se nos ha ido la libertad perdida, proporcionar los elementos teórico-políticos para la reelaboración de una ética y una nueva ideología mundial. Y como siempre ha sido en la historia de la filosofía: que algunos nos señalen los peligros que siempre acechan a todo trabajo intelectual, no solo el filosófico. El hombre -y el filósofo lo es- siempre estará proclive a cometer

* Universidad Autónoma Metropolitana-Unidad Iztapalapa.

los errores que ya el poeta Ovidio denunciaba: *Video meliora proboque, deteriora sequor*.

Pero espiguemos algunos puntos. Ciertos escenarios que por sabios no podemos dejar de recordar. La "filosofía", así como en esta sede la entiendo, puede -y tiene- varios peligros. Siempre los ha tenido: a) el de convertirse en una "disciplina" de puros "especialistas", que *piensan pero no sienten*. Como una disciplina puramente intelectual, aislada de la *vida*, de la *experiencia*, esas dimensiones que Vico y Kierkegaard nos señalan. Sobre todo en nuestro tiempo en donde la palabra "especialización" es muchas veces sinónimo de fractura de la realidad, parcialización de la condición de unidad del hombre; b) de ser, en esta *globalización*, o post-modernidad, una cosa interesantemente inofensiva, a-ideológica, casi a-histórica, paralela a otras disciplinas meramente técnicas que se conllevaría con esa *racionalidad-irracionalidad* de la modernidad. *Marcuse dixit*. Y precisamente por el fenómeno, hoy actual, de la así llamada "globalización". Es decir, por estar inmersos en una *forma mentis* en donde la cultura dominante privilegia la supremacía tecnológica, la idea de la dominación, el consumismo y el utilitarismo, en donde se monta el fenómeno de una pretendida homogeneidad cultural y expansión de mercados que llevan el signo del imperio. Si la filosofía, como toda disciplina humanística, se convierte en mero pragmatismo, o en un cientificismo sin perfiles o acentos éticos, entonces no nos extrañemos del advenimiento de una *alienación planetaria*; c) el peligro de olvidar y marginar lo mejor del pasado, aquel mundo que nos puede *definir, ubicar, precisar, dar sentido*. Y sumergirnos en una mera *visualidad* o virtualidad. Olvidar el pasado, o sea, eso que no se puede cortar impunemente. Porque se tiene el peligro de repetir, casi mecánicamente, alguna línea o aspecto del pasado y no precisamente los mejores valores humanísticos; d) en una palabra, un peligro siempre ha acechado a la filosofía: el de perder su "peligrosidad" ya desde Platón. O sea, el de perder de vista que era, fundamentalmente, una *meditato mortis, i.e.*, una reflexión crítica sobre la *finitud*, sobre las *apariencias*. Tiene el peligro de ser "civilizada", convertida en una disciplina *cosificada*, en mera técnica, que no cuestiona, interpela, reflexiona sobre los graves problemas de la existencia, sobre todo cuando es reflexión incómoda al *establishment* de todos los signos ideológicos.

2. Es evidente que hoy, en tiempo de crisis planetaria, vivimos la "huida de todos los dioses". Sobre todo en la cultura de Occidente. Pareciera que no hay lugar para la esperanza. La humanidad ha perdido el rumbo. Más de lo que el poeta Dante pudiera haber imaginado. Y nuestro drama no es problema de los dioses, sino del hombre mismo. Nos encontramos actualmente en un mundo donde ya no se siente la presencia de utopías. Pareciera que también ellas han huido del mundo. Por lo pronto, el mundo ha vivido la ausencia notable del espíritu de revolución. Cayó el muro de Berlín y, con él, la otrora pujante revolución rusa. El cristianismo ha perdido también, en gran escala, su vitalidad transformadora y más bien se encuentra adocenado. Por el contrario, el capitalismo exporta una globalización aterradora. Sus Leviatanes y Becerros de oro están recorriendo y dominando el mundo. ¿Dónde quedó el hombre auténtico? De ahí la inquietante e ineludible pregunta del filósofo Heidegger: *"¿Quién es el hombre?"* (*"Wer ist der*

Mensch?")[1] Heidegger, finalmente, se quedó sin respuesta. Kant, ciertamente, sin los pesimismos propios de la filosofía de la Ilustración, había dejado una puerta abierta a la esperanza. Ante la pregunta metafísica sobre Dios, con la razón de por medio, es evidente que se quedaba perplejo. Sin embargo, ante la pregunta sobre el hombre, no caía en *nihilismos* y la razón, aun con sus límites, podía conocer y esperar nuevos y optimistas horizontes. Hoy, por los tiempos oscuros que tenemos, es difícil que el filósofo pudiera albergar tiempos halagüeños. Son tiempos violentos cargados de desesperanza. Por lo general, vivimos los fracasos de todas las revoluciones. Por eso, para mí, la pregunta sobre el destino de la reflexión filosófica reviste especial importancia. Tal vez la única pregunta que en estos tiempos me puedo proponer, o por lo menos la de urgente necesidad, es la *pregunta ética: ¿Cómo podemos sobrevivir, hoy, como humanidad?* Es decir ¿cómo podemos, si es que es posible, recobrar el *sentido de comunidad* que en un tiempo remoto tuvimos? Sobre todo cuando nuestro tiempo no solo es violento sino, también, complejo, caótico y terriblemente hedonista. ¿Cómo volver a poner, al contrario de nuestra reflexión filosófica, la vieja propuesta ética de Lévinas: la importancia del *rostro del otro*, de ese prójimo que no nos debe ser indiferente? ¿Será esto, todavía, posible? ¿Posible, cuando los mejores ideales de Grecia y la Biblia (para unos la esencia con que el mismo Lévinas encerraba la cultura de Occidente) no han visto aterrizar ni sus ideas de *libertad,* ni sus mandamientos de *justicia*? Mi razón en este aspecto, lo confieso, es terriblemente pesimista. Me refiero a la *razón técnica* o *tecnológica*, aquella de acentos que recuerdan a Horkheimer o a Marcuse. O a

---

[1] Heidegger, Martin. *La poesia di Hölderlin.* Milán: Adelphi, 1988, p. 44.

aquella a quien Kant le puso límites. En este renglón sí reconozco mi impotencia. Por lo menos, en el horizonte del "pesimismo de la inteligencia". Aun acudiendo a la poesía. Pero me rebelo ante esta provisoria (¿provisoria?) conclusión. Porque acudo a la sentencia de Hölderlin: "¿y por qué poetas en tiempos de pobreza?" Cierto. Porque, tal vez, la poesía que también es filosofía (*Hegel dixit*) puede mirar más allá de nuestros tiempos de incertidumbre. Porque, tal vez, la poesía, aun con todos sus mitos e intuiciones, puede contrarrestar nuestra fría racionalidad, aquella que se guía o intenta medirse con *las solas* figuras de *número* y *movimiento*.

En este punto creo que E. Bloch tiene razón. No es por la *sola* verdad de la *técnica* que nos puede venir la salvación. Creo, sinceramente, que tenemos que volver a la vieja pregunta: *¿Qué es el hombre?* De nuevo, y de una manera radical: *¿Quiénes somos ahora* y *por qué,* y *cuándo, hemos perdido nuestros Humanismos?* De nuevo, pues, la tarea de volver a descubrir la esencia del hombre, de su destino, de su *quehacer* que tiene que ser re-construido. No veo otro camino sino aquel que nos impone la problemática ética: un empezar a reconstruir nuestra *casa común.* Desde sus cimientos. Problema no solo de ciencia y técnica, sino de ética política y económica. Y dada la complejidad del panorama en nuestras sociedades posmodernas, tener presente por este motivo lo que la antigüedad nos ha legado en el terreno de la convivencia humana: qué escollos hay que evitar, qué "creaciones" del hombre conviene recrear y considerar. No todo está perdido. La historia no ha sido una *pasión inútil,* ni la humanidad un solo devenir de *Civitas Hominis* o biografía de eternos *Trasímacos.* Creo firmemente que una buena y honesta reflexión filosófica nos puede alumbrar los posibles caminos en estos tiempos de penuria. El problema, como siempre, lo tenemos dentro de nosotros mismos: nuestra propia e ineludible libertad. Éste es, o sería, el primer reto por vencer. Volver a intentar esa búsqueda de luz de la que hablaba Ernst Bloch en su *Principio de Utopía*: esa *luz* que en nosotros puede brillar. Esa luz-verdad que hace posible iluminar nuestro entorno y que, según Bloch, está aún dentro de nosotros mismos. En nuestra propia subjetividad. No, ciertamente, aquella de origen cartesiana, donde el *cogito* se encierra en sí mismo en un solipsismo que domina al objeto de una manera egoísta. Creo que Bloch, que ha recogido las aguas profundas de su pasado, tiene razón. Debemos, de nuevo, recrear esa ontología de ese mundo, de esa patria, que *todavía-no es,* pero que está en nosotros alcanzar. Es decir, intentar proseguir ese proceso histórico, a partir del propio yo, de conseguir "el fin del objeto en el sujeto liberado", que sería "el fin del sujeto en el objeto ya no alienado".[2] Marx y Bloch en espléndida síntesis. Y yo añadiría el pensamiento ético de Antonio Gramsci, quien nos puede desbrozar las complejas decadencias culturales de una modernidad y, con el "optimismo de la voluntad", empujarnos a *no solo* "interpretar" el mundo. O sea, cambiar un mundo con ese *"idealismo de la praxis"* muy propio de la filosofía de un Marx y Fichte.

3. ¿Un diagnóstico de la filosofía en México? Difícil tarea para quienes hacen de la reflexión filosófica una profesión. Difícil porque se rema contra la corriente. La *forma mentis* del mundo actual lo conforma el *homo visivus*. Todo lo llena. La "razón tecnológica" con su concomitante hedonismo invade todas las

---

[2] Bloch, Ernst. *Ateismo nel cristianesimo*. Milán: Feltrinelli, 1971, p. 8.

esferas de la sociedad: la política, la economía, la religión. México no es, fundamentalmente, y en la mayoría de sus instituciones, un país moderno, en el amplio sentido de la palabra. No es culturalmente homogéneo. Pero se padece una política de dominación ideológica que hace posible una alienación nacional en el terreno de la información. De ahí la fragmentación, la seriación tecnológica y, principalmente, la política abiertamente des-educadora de los poderes fácticos que imposibilita un campo fértil para la filosofía. Me refiero a la que se enseña en las universidades. La filosofía, así, no llega ni a *cenicienta*. Además, los gobiernos la recelan, le temen o la atacan. No tiene tiempos propicios. Por lo general le temen a la posible o plausible crítica del filósofo. Obvio que en el fondo no es sino supina ignorancia.

A todo lo anterior habría que añadir la propia historia de la filosofía en México. En este aspecto padecemos una real fragmentación. Se hacen grandes y nobles esfuerzos en varias universidades. Pero son islas. La universidad pública, por desgracia, no recibe el apoyo ni los cuidados que los gobiernos deberían de darle. La universidad privada calla. Por lo general está más ocupada en servir a las clases dominantes. De esta manera, la crítica radical le es ajena. Navega con humanismos especulativos que no tocan las instituciones que alienan y degradan al pueblo. Con excepciones, se entiende. Sin embargo, creemos que, a pesar de todos los obstáculos, el principio de utopía no ha perdido la batalla. Tal vez la misma penuria de los tiempos ha logrado la recreación de nuevas y vitales reflexiones filosóficas. Y no es que se respire por la herida. Hay una rebeldía que recorre el mundo. Minoritaria, es cierto. Pero está ahí, latente, bajo los puentes.

4. Ante la pregunta: *¿Qué lugar tiene la reflexión filosófica hoy?* Para mí, en mis circunstancias actuales, podría ser lo siguiente: podría responder, de nuevo, con la inquietante pregunta de Heidegger, central en su pensamiento, *¿Quién es el hombre?* O la de Kant, que debe proseguir la anterior: *¿Qué puede conocer? ¿Qué puede hacer? ¿Qué puede esperar?* Creo que estas preguntas tienen que ser respondidas o, por lo menos, planteadas. La filosofía no puede situarse en una simple "ingeniería" del lenguaje o en un "*recto decir*" de una razón alejada del mundo de los lobos. Y el lenguaje es el mundo del hombre: sus sueños, ideales, esperanzas. Es la historia misma con todos sus dioses. La filosofía debe tratar de desarrollar esa trama. Cierto. A partir de sí mismo. Pero debe saber que él es el *homo faber* que hace su mundo y es recreado por ese mismo mundo. De ahí la urgente necesidad de volver al estudio de un *nuevo humanismo*. Radical para estos tiempos de tinieblas. La filosofía, *i.e.* los filósofos, tienen la palabra. Por lo menos así entiendo yo, en estos tiempos negros de la historia, la misión de la filosofía.

Tomando en cuenta lo anterior, creo que mis proyectos de investigación van por el horizonte de la metafísica, la filosofía política, particularmente esta última con el acento en la problemática de la reflexión ética. Me preocupa el problema de la existencia humana: el sentido del hombre y su devenir. De ahí, con toda la complejidad, la pregunta por lo que el hombre *es* y su punto en el mundo. Desde luego pues las temáticas de filosofía de la religión a partir de los clásicos: Kant, Hegel, Feuerbach y Nietzsche. Y, obvio en decirlo, el problema humanístico y ético. ¿La razón? Por los tiempos oscuros de nuestra contemporaneidad.

El papel social de la filosofía

Viridiana Platas Benítez[*]

1. Realizar un balance de la filosofía en el siglo XX corre el riesgo de caer en reduccionismos historiográficos y tonos antagónicos entre distintas tradiciones; así, caracterizar únicamente a la filosofía del siglo pasado como escenario de la "crisis", "declive" o "ruptura" de la "Razón" y la "Verdad", y la "pérdida del fundamento metafísico" que da paso a la "posmodernidad" o al pensamiento "postmetafísico", etc., es apenas un esbozo del efecto de una serie de condiciones teóricas que se comienzan a tejer desde el siglo XVII y que se vinculan directamente con la estipulación del análisis del "alma", el "entendimiento" o "yo", al cual históricamente se le ha denominado "sujeto".

En ese sentido, es pertinente tomar como criterio de caracterización un continuismo histórico, con el cual se interprete a la filosofía del siglo XX a la luz de la recuperación y reinterpretación de los problemas y tópicos filosóficos presentes en la historia de la filosofía; por ejemplo, el caso concreto de la reorientación que se hace a la definición de la subjetividad.

Así, nuestro balance sobre la filosofía del siglo XX puede centrarse en el carácter de la imperante necesidad de repensar la realidad desde su construcción subjetiva, siendo ésta el eje para comprender la historia, el lenguaje, la relación entre verdad y ciencia, el cuerpo, el análisis de la crisis de los Estados-nación y la otredad como núcleo de los nuevos

---

[*] Universidad La Salle, México.

humanismos.

En el caso de la relación entre sujeto e historia, la innovación estriba en que la reflexión en torno al carácter, alcances, límites y condiciones de constitución de la subjetividad en la modernidad filosófica es repensada desde el horizonte de la construcción histórica; de ese modo, la historia deja de concebirse como el relato de los eventos, hazañas y progreso de la humanidad, para convertirse en un radical constitutivo del hombre. El horizonte de la historia pasa así de ser un producto o disciplina de conocimiento a tornarse en condición ontológica del sujeto; estos elementos son indispensables para entender el canon de la historia en el siglo XX que tiene entre sus principales exponentes a Friedrich Nietzsche y a Wilhelm Dilthey.

El efecto de la conciencia histórica no se hace esperar en los problemas filosóficos antes mencionados. En el caso del lenguaje es menester mencionar que el llamado "giro lingüístico" tiene a la base la premisa de la construcción lingüística y, por ende, histórica y subjetiva de la realidad; si bien las pretensiones y alcances de la tradición analítica, hermenéutica, pragmatista, estructuralista y postestructuralista mantienen disonancias que precisamente les particulariza entre sí, ciertamente asumen la imposibilidad de que el lenguaje tenga un fundamento trascendente.

Por su parte, uno de los bastiones de la reflexión filosófica en sin duda alguna el tema de la demarcación de la ciencia, su construcción histórica, la relación entre método, conocimiento científico y verdad. A su vez, insistimos en que el horizonte de interpretación de estos temas orbita en el núcleo mismo de la subjetivad histórica, que constituye a la realidad a través del lenguaje y, por ende, establece el criterio de comprobación de validez de las proposiciones científicas, los alcances de los paradigmas científicos, el papel de elementos "acientíficos" en la construcción de la ciencia -siguiendo a Thomas Kuhn, tales como la organización de las instituciones, la creación de "escuelas" y "discípulos", el "criterio estético" de elección de una teoría, etc.- y la imposibilidad de pensar en el progreso de la ciencia como verdad por acumulación, tal como lo explican Imre Lakatos y Paul Feyerabend.

Además de los elementos brevemente esbozados derivados de la mencionada concepción del sujeto, a saber, historia, lenguaje, ciencia y verdad, es necesario mencionar el impacto que éstos tuvieron para dirigir la reflexión hacia el ámbito del cuerpo sexuado. Si bien el cuerpo como elemento indispensable de la actividad del sujeto ya había sido señalado por Descartes y Spinoza, es a partir de la segunda mitad del siglo XX que se dimensiona la construcción de la sexualidad mediante la distinción establecida por Simone de Beauvoir entre "género" y "sexo", así como la construcción social de los roles sexuales. Esto aún sigue siendo la directriz del análisis no solo de las distintas tendencias del feminismo, sino también de las propuestas sobre nuevas masculinidades.

Otro fenómeno importante analizado en el siglo XX es el de la constitución y crisis de los Estados-nación. Es fundamental entender que la filosofía política y la filosofía del derecho tuvieron el reto tanto de describir la organización y la lógica de los Estados erigidos a partir del siglo XIX -fundadas con los ideales de autonomía y libertad en términos civiles y económicos, así como con una idea de "nación" justificada en términos históricos-, como de reflexionar sobre la falibilidad de su organización ideológica y económica.

Por su parte, el siglo XX se caracterizó en algunos casos

por la violenta consolidación, mientras que en otros, la violenta disolución de dichos Estados, tal como lo atestiguan conflictos bélicos de la envergadura de la primera y segunda guerras mundiales, la guerra en Medio Oriente, la disolución de la Unión Soviética, las revoluciones y dictaduras militares en América Latina, etc., siendo así que en la agenda filosófica fue insoslayable cuestionarse la función del Estado como garante de los derechos y seguridad de los ciudadanos, el análisis de los totalitarismos, así como la distinción entre lo político y la política.

Como consecuencia de estos eventos históricos y el creciente sentimiento de vulnerabilidad de la existencia, la filosofía encontró en su seno la posibilidad de centrar de nueva cuenta una idea de lo humano, que si bien se fundó en el abandono de todo fundamento último, sí vislumbró la posibilidad de replantear el humanismo filosófico. Así, en la reflexión antropológica del siglo pasado el *hombre* fue analizado bajo la óptica de la comprensión histórica, corporal y vital como en el caso de José Ortega y Gasset y Max Scheler, así como los planteamientos de Edith Stein y Emmanuel Lévinas donde la otredad fue considerada no solo el núcleo de lo humano, sino la base de cualquier planteamiento ético.

En suma, si bien la filosofía del siglo XX es definida generalmente como el escenario de las "muertes" y "finales" más caros del pensamiento, a saber, la "muerte de Dios", "la muerte del sujeto", "el fin de la historia", etc., ello no obstante representa el viraje de la filosofía hacia ejes de reflexión que son resultado de un movimiento continuo de la "devoción de pensar". Esto no quiere decir que dicho movimiento no sea posible sin la oposición y la crítica ante los pretendidos universalismos de la modernidad; no obstante, el núcleo sigue siendo el "sujeto" y la consideración a partir de éste de la "historia", "lenguaje", "verdad y ciencia", el "cuerpo", el diagnóstico político y económico de los "Estado-nación" y la renovación del humanismo.

2. Retomando la tesis anterior, a saber, la idea de un continuismo histórico, es posible considerar que los elementos antes planteados siguen siendo parte importante de la reflexión filosófica actual e, inclusive, puede afirmarse que son una exigencia de nuestro tiempo. Sin duda, los eventos políticos y sociales a nivel mundial durante estas primeras décadas del siglo XXI reiteran la importancia y la pertinencia del constante análisis y diagnóstico del filósofo.

No es baladí recordar que el mundo es sostenido por ideas, y dichas ideas deben esculpirse con la precisión del discurso filosófico. Así, no solo deben pensarse fenómenos de nuestro siglo tales como el resurgimiento de las tendencias ultraconservadoras en la política mundial, el individualismo exacerbado, la crisis y la recomposición del capitalismo, la debilidad de los Estados y de la democracia, la virtualidad de las comunicaciones, las generaciones *millennial* y *Z*, la relación entre consumo y cultura, la crisis ecológica, los proyectos de desarrollo sustentable, la inmersión de la tecnología en la economía vital, la biopolítica, las identidades sexuales, etc. a partir de lo analizado en nuestro pretérito filosófico, sino que es precisamente mediante estos elementos que pueden surgir las categorías filosóficas necesarias para el presente siglo.

Así, autores como Sheila Benhabib, Jürgen Habermas, Slavoj Žižek, Chantal Mouffe, Ernesto Laclau, Jacques Rancière, Alain Badiou, Vandana Shiva, Peter Singer, Giorgio

Agamben, Judith Butler, son solo algunos autores indispensables para esgrimir argumentos que, a partir de su diálogo con autores de los siglos pasados, tales como Hannah Arendt, Michel Foucault, Jacques Derrida, Carl Schmitt, Gilles Deleuze, Simone de Beauvoir, Karl Marx, James Bentham, Rene Descartes, Baruch Spinoza, Thomas Hobbes, Aristóteles, etc. marquen los derroteros de la acción en términos éticos y políticos.

3. En la actualidad en México existe un debate en torno a la pertinencia de los programas universitarios de filosofía, lo cual es un hecho paradójico y lamentable. Es paradójico en tanto que el pensamiento debe pensar para salvarse a sí mismo en contra de tendencias a nivel gubernamental decididas con criterios tecnocráticos y de producción e innovación de orden industrial, que imperan a nivel mundial; es lamentable porque la filosofía es precisamente aquella que da la posibilidad a un pueblo de ser consciente de su actualidad, su historia y su porvenir, lo cual es clave para el desarrollo de una ciudadanía autónoma, que sea capaz de enfrentar los embates de la decreciente economía y que, en especial, tenga interés en colaborar con el apoyo de los sectores sociales más vulnerables.

Por ello, la didáctica, la difusión y la divulgación de la filosofía se ha tornado en un tema recurrente de la actividad universitaria a lo largo del país, mismo que busca hacer fehaciente el papel social de la filosofía.

Lo anterior coexiste con el creciente interés y desarrollo de proyectos de investigación en el ámbito de la historia de la filosofía en México y América Latina, bioética, filosofía de la ciencia, filosofía de la mente, sin demérito de la acción de los seminarios de investigación en temas clásicos de historia de la filosofía, epistemología, filosofía del lenguaje, estética, ética y filosofía política.

4. En la actualidad me dedico al estudio de un coto de la filosofía del siglo XVII orientado a la filosofía natural vitalista. Mi interés en esta tradición estriba en el conocimiento de las aportaciones que tuvo para el desarrollo de la ciencia nueva mecanicista, precisamente en razón del señalamiento de sus alcances, pero también de sus límites explicativos. Esto me ha permitido aproximarme al estudio de propuestas que al respecto desarrollaron filósofas como Anne Conway y Margaret Cavendish; además de la exploración de la relación existente entre el fundamento metafísico vitalista del ámbito del conocimiento del mundo natural y el fundamento del desarrollo de visiones en torno a la autonomía en autores como Henry More, Ralph Cudworth y Damaris Masham.

La filosofía como saber humano en el ámbito de su realización ético-política

Jorge Rendón Alarcón[*]

1. Habría que empezar por decir que, en buena medida, la filosofía en el siglo XX fue deudora del radical cuestionamiento formulado por Martin Heidegger respecto de la metafísica occidental y su pretendida circunscripción a una mera metafísica de la subjetividad y la insistencia del propio Heidegger en buscar mostrar el supuesto vínculo entre esa metafísica y la modernidad como un mundo de la técnica. Una de las consecuencias de ello -y para nosotros la más grave- ha sido la imposibilidad de pensar la modernidad en toda su complejidad y no permitirnos ver, ahora, la modernidad política bajo otra óptica que no sea la del individualismo liberal -como se manifiesta, por ejemplo, en Jürgen Habermas-, puesto que lo que se puso en cuestión es en realidad el quehacer práctico político de los seres humanos en cuanto a la auto-imposición de un Estado de derecho democrático (como lo entiende Jean-Jacques Rousseau, por ejemplo) en abierta oposición a la concepción del derecho natural liberal. Lo anterior por la imposibilidad de atribuirle a la subjetividad una condición que no sea la metafísica. Todo ello dejando de lado una discusión seria sobre Rousseau y desde luego de Kant, para quien el problema de la autonomía resultó por ser indisociable de los procesos auto-legislativos inherentes a la modernidad política,

[*] Universidad Autónoma Metropolitana-Unidad Iztapalapa.

tal y como se pone de manifiesto en su *Fundamentación de la metafísica de las costumbres.*

Así, quizás el aspecto más significativo de la filosofía en el siglo XX es la progresiva ruptura que tiene lugar en ella con relación a aquella gran tradición de la filosofía que busca situar el proceso mismo del saber humano en el ámbito de su propia realización social y política, dejando de lado por cierto cualquier forma de metafísica absoluta. Hay que recordar aquí que ya el análisis socrático de la virtud tiene como referente, en Platón, la virtud política, es decir, la realización de la virtud en el orden humano mismo.

De esta manera la *República,* su obra fundamental al respecto, puede ser entendida como el esfuerzo del propio Platón por poner de manifiesto el proceso mismo del saber respecto del Estado justo. Con ello Platón estableció una de las líneas maestras de la filosofía, aquella entendida como el saber de la razón orientado a establecer las ideas o principios generales bajo los que se configura nuestra existencia y que no pueden ser establecidos sino precisamente conforme al saber de la razón en la vida en general y, por ello, más allá de la experiencia inmediata. La alegoría de la caverna, por ejemplo, constituye el referente para asumir el problema del saber humano y sus formas de realización pues, en efecto, los seres humanos sin el referente de la vida en sociedad y de las formas en que en ella se puede vivir permanecerían inevitablemente atados a su particularidad, como nos lo muestra hoy, por cierto, la propia sociedad liberal empeñada en atar el orden social y político a un supuesto derecho natural de carácter pre-social.

Para Platón, el orden público sustentado en el quehacer intelectual de los seres humanos y en la perspectiva de un

Estado justo no puede ser sino un orden orientado por principios, y es que toda tarea humana que no abrigue otros motivos que los del egoísmo individual está inevitablemente condenada al fracaso, ello porque la constitución de un orden justo solo puede conseguirse con un ejercicio de la razón orientado por principios generales. El Estado concebido como una forma de asociación de la que dependen las formas de realización del ser humano no es pues, para Platón, un hecho dado, sino que únicamente puede ser resuelto conforme al pensamiento y el intelecto humanos. Tal es hoy por cierto el olvido fundamental de la modernidad política respecto de una concepción del Estado instrumentalizado por los derechos privados del individuo.

Por el contrario, la arbitrariedad y la injusticia lleva a los seres humanos inevitablemente -como dice Platón-, a *odiarse recíprocamente y a dividirse y a quedar impotentes para realizar nada en común.* Es pues el problema del ejercicio de la razón situado en la perspectiva de la vida humana en general el que ocupa a Platón a propósito de una consideración de la filosofía en cuanto saber de la razón, y de sus principios generales, y cuya preocupación por la verdad se vea plasmada en las formas de vida de los seres humanos.

De lo anterior su énfasis en el proceso mismo del conocimiento como una forma de vida. La *República* en particular debiera ser entendida no como una obra circunscrita a la política y al Estado sino, más bien, una y otro como formas de realización de la vida humana en las que se configura ese saber ocupado en los principios generales. Todo lo anterior supone, como se ha dicho, una cierta forma de ascenso del saber humano pero, en realidad, tal ejercicio solo puede llevarse a cabo en la experiencia concreta de la vida en común. Lo que queremos sostener, aquí, es que en el ámbito de la filosofía no solo resulta riesgoso pasar páginas apresuradamente, sino que la pérdida de los referentes histórico-sociales del saber humano puede dar lugar incluso a los más graves problemas respecto de nuestra comprensión de la condición humana y de sus formas de realización social y política, como ocurre hoy en día donde la política misma parece perder sentido debido al empeño y defensa de los derechos privados como único fundamento del orden jurídico-político moderno.

El problema, para Platón, es la experiencia intelectual que supone la vida humana como experiencia de un saber destinado a encontrar sus propias formas de realización social. Es pues con esta tradición filosófica centrada en la realización de la vida humana con la que rompe la filosofía del siglo XX acicateada por la inmediatez de los problemas políticos y su escepticismo respecto del ejercicio de la razón y la instrumentalización del orden político propiciado, sin duda, por la consolidación del liberalismo y su empeño en la salvaguarda de los derechos privados.

Se trata, por ello, de una reflexión que tiene su origen en la sociedad liberal-burguesa. Ello agravado, además, por los profundos traumas políticos del siglo XX por lo que respecta a las dos grandes guerras y, en particular, a la traumática experiencia del nazismo, justamente en aquella sociedad que en los siglos XVIII y principios del XIX había dado lugar a una reflexión sobre la condición humana y su realización social y política que en buena parte retomaba la herencia de la filosofía ética clásica.

La filosofía, en el siglo XX, acicateada por eso que hemos llamado experiencias políticas traumáticas, se refugió cada vez más en un individualismo existencial incapaz de trascender la visión liberal del orden político y, como tal, una visión instrumental y profundamente escéptica de la condición humana. El "eterno retorno" al nihilismo de esta tradición, representada al final del siglo por la filosofía de Habermas y el imposible recurso de una ética discursiva para recuperar un sentido de realidad y verdad respecto de la realización del ser humano en la perspectiva de su realización como ser social constituye, según lo podemos ver, uno de los rasgos distintivos sobre todo de la última parte del siglo pasado.

En el caso de Habermas, lo más grave no es solo su anclaje en el liberalismo de Rawls y la imposibilidad con ello de pensar el problema de la auto-comprensión de un gobierno ciudadano más allá de los supuestos liberales (la formulación del orden liberal como una mera empresa cooperativa de beneficio mutuo), sino sobre todo su incapacidad para pensar conforme a su estado *cosmovisivamente neutral* la dimensión positiva y civilizatoria del Estado de derecho moderno, por lo que con su obsesiva preocupación en un pensamiento postmetafísico y la salvaguarda de *los proyectos individuales de vida*, el precio que termina pagando, como él diría, es el vaciamiento de contenido del Estado democrático de derecho.

Ello como consecuencia de su imposibilidad, también, para afrontar la modernidad política en aquello que le es propio: el replanteamiento de los fundamentos del orden social y político en un sentido radicalmente distinto conforme al hecho de asumir el problema del origen y legitimidad del mismo ya no en términos de una voluntad divina, sino conforme a la idea de una legitimidad civil lo que, en efecto, no solo tiene un carácter disruptivo con relación al viejo orden, sino que inaugura una comprensión de la política y del orden jurídico-político, como ocurre en Rousseau por ejemplo, por el que la legitimidad civil se convierte en el único ordenamiento válido de convivencia humana y como tal como modelo de autogobierno. Esto, se mire por donde se mire, da lugar a un nuevo concepto *ético* de persona y, de acuerdo con Kant, al reclamo de una nueva fundamentación de la ética bajo la idea precisamente del auto-gobierno civil del orden político. La <<voluntad libre>> no es pues para Kant *una propiedad de seres inteligibles caída del cielo,* como ha dicho de manera muy peculiar Habermas, sino, por el contrario, resultado de la autonomía del orden político como creación humana a partir de un acuerdo de carácter civil, que Kant reconoce a propósito del problema de la autonomía del sujeto moderno.

2. Hay que empezar por decir que una de las cuestiones centrales de nuestra época tendría que ser el reconocimiento pleno de que la nación como concepto de una sociedad articulada por una identidad común ha sido altamente riesgosa en la medida en que deja de lado su propia constitución como resultado de un quehacer práctico-político conforme a las voluntades que lo componen, es decir, en que deja de lado la exigencia de su constitución propiamente política, dando con ello por supuesto virtudes innatas que han resultado una pura y trágica ilusión, como ocurrió por ejemplo con el nazismo. De aquí por cierto la exigencia de un saber ético-político bajo el que se configuren los fines del Estado moderno.

Lo contrario que se manifiesta en muchos y preocupantes casos del orden político-social tiene que ver en realidad con un trabajo de zapa sobre el ejercicio de la razón en el orden social que de manera paradójica habría tenido lugar con la reivindicación del individuo frente a la vorágine de la política del siglo XX. Lo anterior teniendo en cuenta, además, la concepción instrumental del orden político actual puesta en marcha por el pensamiento liberal -por lo demás incapaz de afrontar racionalmente la contradicción entre derechos privados y su realización política- todo ello ha dado lugar, en nuestra opinión, a situaciones como las que hoy se viven en Europa, en Estados Unidos y en Latinoamérica.

De forma tal que resulta urgente recuperar aquello que es esencial a la filosofía, es decir, la auto-comprensión del ejercicio de la razón, situado social e históricamente, como recurso fundamental para afrontar los retos que la propia sociedad nos impone. Ello además recuperando aquélla lección ético-política de la filosofía por la que se reivindica la capacidad de los seres humanos de un saber situado más allá de su condición natural, como recurso fundamental para pensarnos en las formas de realización de la vida en común en la medida en que las mismas conllevan lo que Rousseau describía como privativo del ejercicio de la razón humana: la capacidad de pensarnos en nuestras formas de realización social.

3. Quizás una de las lecciones fundamentales de la filosofía del presente es sin duda la exigencia de poner en tensión el saber de la razón filosófica con la peculiaridad de nuestra realidad social y política. Bajo esa perspectiva es imposible dejar de reconocer que el problema fundamental de México y de América Latina ha sido la imposibilidad de constituir un Estado de derecho que por su racionalidad y legitimidad fuera el resultado de la experiencia histórica de nuestro pasado, en particular de los siglos XVIII, XIX y XX. Y es que, en efecto, nuestra particular historia política ha sido en realidad un testimonio reiterado respecto de la imposibilidad de afrontar racional y legítimamente el pasado absolutista y despótico que compartimos. Tal vez una de las mejores alegorías de ese pasado se expresa en el caudillo arbitrario y prepotente, y como tal proclive a todas las fechorías, representado por Pedro Páramo.

En nuestro caso, nuestra tradición filosófica pareciera haberse circunscrito al profundo pesimismo del existencialismo francés y a un vínculo con cierta tradición de la filosofía alemana que, empeñada como decimos en romper con la filosofía como reflexión ética, se ha limitado a recrear los principios liberales. Ello, además, profundamente agravado por el propio vínculo que esa filosofía tiene con Heidegger que en la perspectiva de lo que decimos se ha limitado a negar cualquier forma de realización legítima del ser humano porque toda forma de realización humana sería ya de carácter instrumental. A lo anterior habría que sumar también la falsa salida de abandonar los referentes de la filosofía occidental, sobre todo aquellos que se refieren al proceso de emancipación política del orden humano conforme a la legitimidad civil del mismo y el modelo político de autogobierno en favor de imprecisos, y sobre todo ambiguos, contenidos de un pasado ilusorio, como lo muestra la supuesta reivindicación de unos usos y costumbres del todo ajenos a un orden social de libertades procesadas políticamente por los propios ciudadanos.

4. La mayor preocupación hoy de una filosofía situada en el panorama profundamente volátil del orden actual, por su inestabilidad e incertidumbre como rasgo distintivo de la situación política de principios de siglo, tendría que ser recuperar ese sentido de realidad y verdad de la reflexión filosófica, lo que desde nuestro punto de vista solo puede ser alcanzado situando en el centro del problema justamente ese carácter reflexivo de la razón humana que dio lugar al reconocimiento, tanto en la filosofía de Platón en el período helénico, o en la de Hegel en el mundo moderno, al reconocimiento de que los problemas práctico-políticos resultan indisociables de la consideración de ese ejercicio de la razón en cuanto un proceso del saber de la misma que solo puede ser considerado objetivamente cuando se le sitúa en el proceso de la realización práctica del orden humano.

Lo que queremos reivindicar, en este sentido, es que una reflexión ético-filosófica, objetiva y actual, solo puede encontrar sus fundamentos bajo el referente mismo de la realización del orden social y político. En este sentido, y por mencionar dos de los referentes fundamentales al respecto, tanto en el caso de la filosofía platónica, como en el caso de la filosofía de Hegel, el carácter reflexivo de la razón se sitúa en la perspectiva de su realización en la vida práctica porque es precisamente bajo este referente que ese quehacer reflexivo encuentra su horizonte de realización en la perspectiva del ser humano en cuanto sujeto de su propio saber en la existencia.

Por lo demás, dicho ejercicio reflexivo por el que se busca poner de manifiesto el proceso mismo del saber de la razón en el ámbito de la sociedad alcanza hoy una nueva actualidad por la exigencia de una reconsideración del problema del ejercicio de ese saber en relación a la legitimidad del orden humano en cuanto un orden auto-impuesto. Nos referimos aquí en particular a la urgente necesidad, en la actualidad, de una profunda reconsideración del problema del Estado de derecho, misma que solo puede llevarse a cabo en el marco de ese ejercicio del saber filosófico situado bajo el referente de su propia auto-constitución política.

Qué duda cabe que buena parte del problema de las sociedades modernas se sitúa precisamente en el ámbito de su legitimidad civil y política, es decir, en el ámbito de sus propias formas de relación y organización social. Y ello sobre todo a partir de la consideración de que los referentes de esas formas organizativas no pueden seguir siendo aquellos que han dado lugar a la instrumentalización del poder, bien para favorecer intereses económicos, o bien para favorecer a las burocracias, pues en ambos casos lo que se ha conseguido es desvirtuar a la política como tarea social colectiva.

A nuestro parecer, es en contraposición a los intereses particulares que surge la reflexión ético-filosófica en cuanto reivindicación de un saber de la razón bajo la exigencia de su validez general. Así ocurre ya en la *República* de Platón y así ocurre también en el contexto de la tradición política de la Ilustración conforme a la cual Hegel reclama, en la *Feno-menología del espíritu*, que solo en *un pueblo libre es donde, de hecho, encuentra su realización el concepto de la razón consciente de sí*. En todo caso, es también esta exigencia de generalidad, de un ejercicio de la razón situado en la interacción y el conflicto de la existencia social, lo que justifica en Hegel la reivindicación de la *determinación de la razón en sí misma*, y es que la reivindicación de un saber de la razón en *sí* y *por sí* queda plenamente justificada en una nueva época donde la configuración del orden humano no puede encontrar su fundamento sino a partir de un uso legítimo de la misma conforme al cual la sociedad acceda a sus propias formas de autogobierno.

Ello es, por lo demás, lo que explica que Hegel reivindique al Estado como el ámbito de la universalidad de la razón situada social e históricamente y donde tiene lugar, propiamente dicho, la exigencia de *preceptos, leyes, decisiones generales y válidas para la generalidad,* por el que se plantea la exigencia de un uso práctico-político de la razón y como tal su exigencia de validez. Es en esta línea de reflexión que he publicado *La sociedad dividida. La sociedad política en Hegel* (2008) y, en coautoría con el Dr. Sergio Pérez, *El telos de la modernidad. Dos estudios sobre la filosofía política de G.W.F. Hegel* (2014).

Urge atreverse a pensar por cuenta propia

*Roberto R. Aramayo**

> "Un filósofo es aquel que, pisoteando el prejuicio, la tradición, la autoridad, en una palabra cuanto subyuga a las masas, *se atreve a pensar por sí mismo*, sin admitir nada salvo el testimonio de su experiencia y de su razón" (Denis Diderot, Artículo "Eclecticismo" de la *Enciclopedia*)

> "Que ningún ciudadano sea tan opulento como para poder comprar a otro, ni tampoco tan indigente como para tener que venderse" (Jean-Jacques Rousseau, *Del contrato social*)

> "Nadie debe tratarse a sí mismo, ni tampoco a cualquier otro, tan sólo como un mero medio instrumental" (I. Kant, *Fundamentación de la metafísica de las costumbres*)

1. *Breve balance de la filosofía en el siglo XX. Los emblemáticos debates de Davos.* En 1929 Cassirer y Heidegger mantuvieron un debate sobre sus antagónicas interpretaciones de Kant.[1] Este simbólico debate tuvo lugar en Davos, un balneario suizo en donde ahora celebra sus reuniones el Foro Económico Mundial y donde previamente Thomas Mann había escrito *La montaña mágica* (1924), prefigurando en sus páginas un duelo dialéctico entre un humanista ilustrado y un clérigo ultramontano, que prefiguraba el debate filosófico mantenido por el filósofo judío Cassirer y por quien sería un confeso simpatizante del nazismo, como Heidegger. Los vaivenes filosóficos del siglo

---

* Instituto de Filosofía del Consejo Superior de Investigaciones Científicas.

[1] http://www.plazayvaldes.es/libro/cassirer-y-su-neo-ilustracion.

XX quedaron quintaesenciados en este debate que tuvo lugar durante la República de Weimar y entre las dos guerras mundiales.

Posteriormente, la filosofía no pareció reaccionar eficazmente contra ese presunto "final de la historia" decretado al caer el muro de Berlín, al igual que tampoco supo abordar la contrarreforma ultraneoliberal que va extendiéndose tras la caída del muro cuyas funestas consecuencias padecemos hoy en día. Se diría que la filosofía no ha sabido contrarrestar ese "pensamiento único" y ese indiscutible modelo socioeconómico que, tras fulminar al Estado del bienestar, amenaza con socavar la confianza en el sistema democrático y convierte a la economía financiera en una especie de nueva teología dogmática.

El denominado posmodernismo debería dar paso a una nueva modernidad que recupere los valores de la Revolución francesa, toda vez que la triada de *libertad, igualdad* y *fraternidad* ha sido reemplazada por otra que podríamos cifrar en una *seguridad* que cercena libertades, un paradigma que propicia una extrema *desigualdad y* una despiadada *competitividad* que asfixia cualquier atisbo de solidaridad.

2. *Algunos temas, autores y problemas. Los valores del proyecto de la Ilustración.* Hay que recuperar con carácter de urgencia esa imprescindible formación crítica que aporta la reflexión filosófica, porque la pobreza económica está indisolublemente asociada con una preocupante indigencia cultural que solo puede servir como caldo de cultivo a nuevos totalitarismos. Consentir que los tópicos, lo políticamente correcto y las consignas modelen acríticamente nuestros imaginarios colectivos ya nos está haciendo pagar un alto precio, que podría ser mucho mayor a medio plazo y crear una situación indeseable que solo cabría revertir en un lapso de varias generaciones.

En estos tiempos de uniformadora globalización podría ser útil revisitar el concepto kantiano de cosmopolitismo. Después de todo, su liga de naciones o confederación de pueblos pretendía conjurar macro-Estados y superpotencias. Resulta imprescindible reivindicar la moral del esfuerzo frente al éxito fulgurante conseguido de cualquier manera y luchar contra el auge de los nocivos fundamentalismos que logran calar en una población sin expectativas. Nada está escrito y las nuevas generaciones deben saber que solo ellos pueden escribir el guión de su propio destino, emancipándose de cualquier tutela que pretenda planificarlo todo sin contar con sus auténticos protagonistas.

Los valores enarbolados por la Revolución francesa, es decir, la *libertad,* la *igualdad* y la *fraternidad,* van viéndose suplantados por otros que podríamos resumir en la triada *seguridad, inequidad* e *insolidaridad,* auspiciados por la contra-rrevolución ultraneoliberal que nos asola. Nuestra libertad e incluso nuestra intimidad quedan cercenadas por una sacrosanta seguridad que habilita toda suerte de tropelías. La injusticia y la desigualdad social dificultan asimismo el ejercicio de una libertad que requiere, sin duda, de la igualdad, para que nuestro camino dependa de nuestro talento, esfuerzo y suerte, sin verse lastrado por privilegios heredados o adquiridos al margen del mérito.

Un execrable fomento de la competitividad asfixia esa necesaria empatía que Rousseau consideró imprescindible para estructurar nuestras comunidades políticas. Instrumentalizar sin contemplaciones a los demás en beneficio propio parece ser la clave del éxito personal y social, contraviniendo el *dictum* kantiano de que las personas no deben convertirse a sí mismas en meros medios bajo ningún concepto. Una cosa es el fecundo antagonismo de la insociable sociabilidad apuntado por Kant, y otra muy distinta la insociabilidad asocial preconizada por ese pensamiento único que, tras la caída del muro de Berlín, decretó nada menos que "el final de la historia".

Las nuevas formas de conjugar el esclavismo que se nos quieren imponer desde múltiples instancias no deberían asumirse "voluntariamente". Como diría Javier Muguerza -con su imperativo de la disidencia-, siempre nos cabe decir que no ante las injusticias, pues resulta fácil saber cómo *no* queremos que sea el mundo y con ello apuntamos muchos otros mundos que serían posibles merced a nuestro concurso.

Según escribió Kant en *El Conflicto de las Facultades*, la filosofía siempre ocupa el ala izquierda del parlamento universitario, al poner en tela de juicio absolutamente todo. Esto exige pensar por uno mismo y no admitir nada que se pretenda imponer mediante cualquier tipo de autoritarismo. No se trata de vencer a los demás con argucias o la fuerza bruta, sino de intentar convencerles con razonamientos cuyos *pros* y *contras* conviene revisar constantemente para no emular al enemigo a batir, el cual no es otro que la intolerancia y el desprecio hacia quienes no piensan igual que uno.

Los autores a los que debe volverse una y otra vez son los clásicos del pensamiento. Particularmente aquellos que se hayan ocupado de cuestiones morales y políticas, como serían verbigracia el caso de Platón, Maquiavelo, Spinoza, Hume,

Diderot,[2] Rousseau,[3] Kant,[4] Freud, Marx, Ortega y Javier Muguerza,[5] sin olvidar al epicureísmo, el estoicismo, el psicoanálisis o el giro lingüístico.

Entre los problemas que deberían tener preferencia cabría enumerar a vuela pluma los siguientes, entre muchos otros que ayudarían a perfilarlo y complementarían su abordaje: la crisis del sistema democrático y de los partidos políticos, la globalización de las injusticias, el sojuzgamiento de la mujer, la desigualdad económica y social, el auge de los nacionalismos, la reaparición de los movimientos totalitarios, el conflicto de cosmovisiones políticas o religiosas, la definición de una nueva ciudadanía, el papel de las instituciones educativas y los medios de comunicación…

---

[2]   http://www.casadellibro.com/libro-pensamientos-filosoficos-el-combate-por-la-libertad/9788493699956/1265117. http://www.laetoli.es/los-ilustrados/141-el-paseo-del-esceptico-de-diderot-9788492422883.html.

[3]   http://www.plazayvaldes.es/libro/cartas-morales-y-otra-correspondencia-filosofica; http://www.plazayvaldes.es/libro/rousseau-y-sus-ensonaciones.

[4]   http://www.alianzaeditorial.es/libro.php?id=2775401&id_col=100508&id_subcol=100512.http://www.alianzaeditorial.es/libro.php?id=3251150&id_col=100508&id_subcol=100512.http://www.alianzaeditorial.es/libro.php?id=572108&id_col=100508&id_subcol=100512.http://www.alianzaeditorial.es/libro.php?id=2951543&id_col=100508&id_subcol=100512.http://www.alianzaeditorial.es/libro.php?id=2951543&id_col=100508&id_subcol=100512.http://www.casadellibro.com/libro-antropologia-practica-2-ed/9788430945344/1155667.https://www.academia.edu/9878585/Antolog%C3%ADa_del_Nachlass_de_Kant.https://www.academia.edu/6163725/Kant._Lecciones_de_Etica. http://www.tecnos.es/ficha.php?id=1173107&pageid=4.http://www.tecnos.es/ficha.php?id=1173088&pageid=4.

[5]   http://www.plazayvaldes.es/libro/disenso-e-incertidumbre.http://editorial.csic.es/publicaciones/libros/12732/0/dialogos-con-javier-muguerza-paisajes-para-una-exp.html.

3. *Situación de la filosofía en España: un creciente desinterés.* En España la filosofía está cada vez más preterida por las autoridades políticas, como si temieran que la ciudadanía pudiera ser menos dócil a sus manejos con una formación filosófico-humanística. Ésta debería verse potenciada de una manera transversal en todos los estudios medios y superiores, preservando al mismo tiempo la especialidad para preparar a docentes e investigadores que pudieran atender esa necesaria labor pedagógica, sin consentir el intervencionismo de las empresas en la planificación educativa pública.

En el Consejo Superior de Investigaciones Científicas las ciencias humanas y sociales representan en términos cuantitativos una décima parte del organismo y la filosofía se va viendo cada vez más desatendida, tras haber conocido un tiempo de bonanza hacia mediados de los ochenta, con la creación del Instituto de Filosofía y los proyectos que puso en marcha su primer Director, quien fundó la revista *Isegoría* y puso un gran empeño en tender puentes con la comunidad latinoamericana, como demuestran los distintos congresos iberoamericanos que se vienen organizando, así como la Enciclopedia Iberoamericana de Filosofía. Sin embargo, la creación del Centro de Ciencias Humanas y Sociales, lejos de reforzar a los Institutos que lo integran, más bien ha contribuido a lo contrario, al coincidir con una incomprensible política de cofinanciación y evaluarlos con unos criterios provenientes de las ciencias positivas que difícilmente son aplicables a este ámbito, cuya productividad no puede medirse por un inexistente número de patentes o un imposible retorno económico, ya que sus réditos tienen un tipo de parámetros completamente distinto y son de largo recorrido, aunque no sea capaz de apreciarlo el culto al instante y al beneficio inmediato.

4. *Inquietudes y proyectos filosóficos propios: Cassirer y su lectura del Siglo de las Luces.* Ante las innumerables amenazas padecidas por el Estado del bienestar y el propio Estado de derecho, parece oportuno volver nuestra mirada hacia el denominado Siglo de las Luces, hacia ese programa ilustrado que se propuso defender los derechos de la humanidad. En aquella época Diderot propició un equivalente funcional de lo que hoy supone Google para nosotros. Me refiero a esa *Enciclopedia* por antonomasia, o *Diccionario razonado de las ciencias, artes y oficios*, donde quienes trabajaban con sus manos eran igualados en su dignidad con los intelectuales y los millonarios, haciendo ver que sin aquellos malamente podrían sobrevivir estos últimos.

El objetivo perseguido por Diderot era que sus lectores hicieran por sí mismos un ejercicio de mayéutica, aprendiendo a escoger de entre diferentes planteamientos aquel que les pareciera más convincente. Su sistema de referencias cruzadas pretendía hacer pensar por cuenta propia, invitando a cotejar las opiniones más ortodoxas con razonamientos opuestos, como cuando, por ejemplo, el artículo "Antropófagos" remite a los de "Altar", "Comunión" y "Eucaristía". Para estos pensadores la ironía y el sarcasmo se revelaban armas tan poderosas como eficaces contra toda suerte de supercherías o supersticiones.

Diderot participó también de un modo decisivo en una obra calificada como "Biblia de las Revoluciones": la *Historia filosófica y política de los asentamientos y el comercio de los europeos en las dos Indias*, en cuyas páginas quedaron inmortalizados alegatos pioneros en contra del colonialismo y de la esclavitud, algunos de los cuales continúan teniendo toda su vigencia hoy en día con solo cambiar las nomenclaturas o los roles denunciados. Veamos una muestra: "¿A quién pretendéis hacer creer que un hombre pueda ser propiedad de un soberano, que un hijo pueda ser propiedad de su padre, que una mujer pueda ser propiedad de su marido, que un criado pueda ser propiedad de su amo, que un negro pueda ser propiedad de un colono?"

Tal como apunta Cassirer en su lectura de la Ilustración, los pensadores ilustrados dieron en aplicarse a sí mismos la divisa leibniziana de *Theoria cum praxi* y se caracterizaron por entender que sus reflexiones habían de tener siempre una traducción práctica, de suerte que a la postre todos los caminos teóricos conduzcan directa o indirectamente a lo político, a través de las más variopintas manifestaciones.

La filosofía debería instruir a todos los ciudadanos en este mismo sentido, para que dejen de asumirse acríticamente nuevas teologías dogmáticas como las propugnadas por el pensamiento único y sus aparentemente ineluctables decretos económicos. Ese nuevo Moloch al que se sacrifican la ciudadanía y sus derechos presuntamente inalienables.

En la estela del trabajo hecho por Cassirer[6] en este ámbito, mi propósito es reivindicar la vigencia de un programa ilustrado que todavía está por hacer, cultivando la historia de las ideas morales y políticas. Todo ello mediante edición de textos, la publicación de libros destinados a un público amplio de

---

[6] http://www.casadellibro.com/libro-rousseau-kant-goethe-filosofia-y-cultura -en-la-europa-del-siglo-de-las-luces/9788437505954/1178527.

lectores, así como la gestión de colecciones y revistas -como *Isegoría* y *Con-Textos Kantianos*- es lo que sigue conformando mis horizontes más inmediatos. En este marco el estudio del pensamiento de Diderot y su conexión con los problemas del presente constituye un objetivo privilegiado dentro de mis preferencias actuales.

La filosofía en la realidad mexicana y latinoamericana

Gabriel Vargas Lozano[*]

1. El siglo XX fue muy rico en concepciones filosóficas. Desde sus inicios surgen corrientes diversas que son lanzadas al espacio como un surtidor a partir de diversos impulsos como son las revoluciones científicas, pero también los movimientos sociales. Ejemplos de ello son: el positivismo lógico que surge con el Círculo de Viena y su sucedánea filosofía analítica con Russell, Wittgenstein y tantos otros; también tenemos el impulso del marxismo en su vía más creativa con el redescubrimiento de la veta filosófica de Marx en los años treinta y su desarrollo tanto por la vía de la transformación revolucionaria (Lenin, Gramsci, Mao Tse-Tung) como en las disciplinas filosóficas propiamente dichas como la estética (Brecht, Lukács, Della Volpe, etc.) la teoría del conocimiento; la teoría de la utopía (Ernst Bloch y su *Principio Esperanza*) y la teoría política. En las primeras décadas del siglo surge también la teoría crítica de la sociedad con Adorno, Horkheimer, Marcuse, Benjamin; el pragmatismo con Dewey; la fenomenología de Husserl; el existencialismo de Heidegger, Sartre y Merleau Ponty; la filosofía feminista potenciada por Simone de Beauvoir y desarrollada por un amplio grupo de filósofas; la filosofía comunicativa de Habermas y Apel, etc.

Todas estas filosofías llegan a México y Latinoamérica y aquí se desarrollan respuestas creativas. Yo nací en 1947, es

---

[*] Universidad Autónoma Metropolitana-Unidad Iztapalapa.

decir, dos años después de terminada la Guerra Mundial que, por un lado, implicó el término de la terrible pesadilla del nazismo pero también el inicio de la llamada Guerra Fría y la aparición, por primera vez en la historia, del espectro de la auto-destrucción de la humanidad por medio de la bomba atómica. Por tanto, viví intensamente los cambios mundiales y nacionales ocurridos en la segunda mitad del siglo XX y esta situación guio muchos de mis intereses filosóficos. Así, por un lado, conocí y tomé partido en la lucha entre los bloques capitalista y socialista; los combates de Martin Luther King por los derechos civiles de los negros en los Estados Unidos; admiré a Russell y Sartre por su lucha por la paz así como su posición en contra de los crímenes de guerra en Vietnam; leí con pasión las obras de Sartre desde *La náusea* hasta la *Crítica de la razón dialéctica*; experimenté los profundos cambios de la generación del 68 y más tarde traté de explicar las causas del surgimiento de ese movimiento. En ello jugaron un papel importante, en un primer momento, marxistas críticos como Marcuse, Lukács, Karel Kosik, Lefebvre, Sánchez Vázquez y otros.

Ahora bien, como mexicano y latinoamericano consideré que era necesario profundizar en las polémicas que habían surgido en nuestro país a fines de la década de los sesenta. En forma muy resumida diría que eran tres las concepciones que se disputaban la hegemonía en aquel momento: la posición historicista y latinoamericanista impulsada por José Gaos y Leopoldo Zea; la concepción del marxismo que se desarrollaba en la vía de una filosofía de la ciencia con Eli de Gortari y de una filosofía de la praxis con Sánchez Vázquez y la concepción analítica impulsada por Fernando Salmerón, Luis Villoro y Alejandro Rossi. Sobre la primera, me parecía importante el rescate de nuestro pensamiento sin divorciarlo del conocimiento de los grandes filósofos. En este sentido, la obra de Gaos es ejemplar (sin dejar de tener un profundo conocimiento de los clásicos planteó la necesidad de conocer a nuestros autores y tradiciones), a pesar de que cae en un relativismo. Gaos condujo a Zea a realizar el estudio de la filosofía que fundamentaba la orientación educativa del Estado y que se inicia con la República restaurada. Independientemente del método adoptado por Zea para explicar el fenómeno del positivismo, considero que este tipo de estudios son necesarios y que actualmente están abandonados en forma incorrecta.

Sobre la segunda, considero que debe hacerse una evaluación de la aportación de Eli de Gortari, a quien por sus posiciones políticas se le ha marginado, aunque considero que es necesario revisar su concepción de la filosofía en sus relaciones con la ciencia a través del método, así como su forma de entender la lógica dialéctica. Sobre las posiciones de Sánchez Vázquez y las polémicas en que se vio envuelto (con Enrique González Rojo sobre el althusserianismo y sobre la relación entre ciencia, filosofía e ideología con Luis Villoro, entre otras) he escrito numerosos artículos que concentré en el número especial que publicó la revista *Dialéctica* (núm. 48, enero-junio de 2015).Y sobre la tercera, en diversos escritos he expresado que el positivismo lógico le negó a la filosofía la validez de su intervención directa sobre la realidad, que a mi juicio es, por el contrario, una de sus más importantes funciones, como lo es la ética, y que si bien la filosofía analítica representó en nuestro país un llamado al estudio de la lógica simbólica y una profundización sobre el lenguaje en sus diversas dimensiones (llamado que no se puede dejar de atender), se presentó descalificando a las otras concepciones para constituirse en un poder institucional.

Posteriormente, los tres autores mencionados siguieron diversos caminos que han sido evaluados a través de libros colectivos de homenaje. En relación con lo anterior, pero desde otra perspectiva, en 1969 Augusto Salazar Bondy publicó un estudio muy crítico en su libro *¿Existe una filosofía de nuestra América?*, en el que con cierta razón consideraba que la filosofía latinoamericana había sido una reproducción mecánica de las corrientes filosóficas europeas y que era necesaria una filosofía de la liberación. El filósofo peruano no consideró las importantes aportaciones hechas por filósofos latinoamericanos empezando por su coterráneo José Carlos Mariátegui o su maestro José Gaos, pero puso el dedo en la llaga. Por su lado, Leopoldo Zea continuó la polémica y posteriormente Francisco Miró Quesada dio a conocer una síntesis de diversas posturas. Creo que tanto en este debate como en el sostenido por Villoro y Leopoldo Zea, encontramos planteadas las posiciones en torno al significado y sentido de la filosofía latinoamericana.

Ahora bien, durante el siglo XX tuvo una gran influencia el marxismo en sus diversas vertientes. En el marxismo han convivido una serie de corrientes filosóficas diversas: desde posiciones esquemáticas e ideológicas como la representada por la versión estalinista hasta las más complejas teorías epistemológicas y políticas. A título de ejemplo, diría que han tenido una gran influencia las obras de Lenin, Trotsky, Bujarin, Kautsky, Gramsci y Mao Tse-Tung, en lo que se refiere al vínculo entre teoría y política pero que también se desarrollaron escuelas de pensamiento como la filosofía de la praxis (Lukács, Meszáros, Markovic, Gramsci y Sánchez Vázquez, entre otros); la concepción epistemológica (Della Volpe, Althusser, Balibar, Lecourt y otros); la freudo-marxista (Reich, Fenichel, Marcuse, Rozitchner y otros); la fenomenológica (Tran Duc Tao, Kosik); la utópica (Bloch); la humanista (Schaff, Fromm); la teoría crítica (Alfred Schmidt, Horkheimer, Adorno) así como la realización de obras de largo aliento como el *Diccionario de marxismo* de Georg Labica; los diccionarios, antologías y la revista *Actuel Marx* publicada por Jacques Bidet y el impresionante *Historish-kritisches Wörterbuch des marxismus* dirigido por Wolfgang Fritz Haug, así como el diccionario con el mismo título pero dedicado al feminismo dirigido por Frigga Haug. Así que el marxismo ha hecho una importante aportación que debe ser evaluada.

Como expresión de los cambios que en la ciencia, la técnica y la sociedad se venían efectuando surgió por un período el debate entre modernidad y posmodernidad. Mi posición fue que deberíamos reconocer que los fenómenos aludidos implicaban que estábamos viviendo una transición de un período a otro, como el que hoy estamos experimentando a causa de la revolución digital, pero que era necesario evitar concepciones ideológicas que pretendieran legitimar el *statu quo* como me parecía hacían Lyotard y Baudrillard frente a concepciones más serias como las de Frederic Jameson.

De 1989 a 1991 fuimos testigos del impresionante derrumbe de los llamados países socialistas y la subsecuente recomposición global. Durante los ochenta se había producido un amplio debate sobre la naturaleza de los países llamados "socialistas" y se habían expresado muy diversas posturas sin llegar a un consenso como las de Suslov (autor de la frase "socialismo realmente existente"), Schaff (base económica socialista, pero superestructura dictatorial), Trotsky-Mandel (burocratización del poder); Sánchez Vázquez (negación de que dichas sociedades fueran realmente socialistas) y otras. Para tratar de explicar lo ocurrido publiqué mi libro *Más allá del derrumbe* (Siglo XXI Editores, México, 1994). El derrumbe de aquellos regímenes implicó la difusión de ideologías por el Departamento de Estado norteamericano, como (de Francis Fukuyama) "el fin de la historia", mediante la cual se proclamaba el fin de la lucha entre la democracia liberal y el socialismo y el triunfo de la primera. Considero que, mientras existan las profundas desigualdades sociales y las condiciones de injusticia prevalecientes, debe buscarse una sociedad en donde exista una justa distribución de la riqueza y del poder. Esto último corresponde a la democracia entendida de una nueva manera (democracia radical) en virtud de las graves contradicciones en que ha desembocado la democracia liberal. En otras palabras, se requiere un nuevo paradigma social.

Finalmente me interesa señalar, en lo que se refiere a la filosofía que se inicia en el siglo XXI, que por la conversión en grandes potencias de India y China se ha iniciado un interés creciente por sus filosofías y empieza a cuestionarse un "grecocentrismo" que dominó durante el siglo pasado. La filosofía latinoamericana sigue teniendo una débil presencia en el ámbito mundial y ello constituye una tarea que tenemos por delante quienes vivimos en esta parte del mundo.

2. Las preguntas me parecen fundamentales y trataré de responderlas; sin embargo, no coincidiría del todo con las ideas previas que las preparan. Se dice "un mundo signado por la realidad virtual" y tienen razón, pero yo la formularía de otra manera: como un mundo en que el sistema capitalista se ha universalizado a partir del derrumbe del llamado "socialismo real" y que en las últimas décadas ha estado conducido tanto por la estrategia neoliberal que pone el acento en el Estado mínimo y la mercantilización máxima, así como sujeto a profundas transformaciones producidas por la revolución digital. Y, en ese sentido, un mundo en el que ha predominado la llamada "globalización" que ha provocado procesos de fragmentación en los Estados-nación y que vive una enorme expansión económica por parte de China; la crisis de la Europa Unida y la reacción racista y proteccionista de la estrategia puesta en marcha en el país más poderoso de la tierra en el sentido militar (que son los Estados Unidos) a raíz del acceso a la presidencia del multi-millonario Donald Trump. Pero también agreguemos un mundo sujeto a violencias de diverso tipo como la destrucción de una de las culturas más antiguas como la de Irak; la destrucción de Afganistán; la terrible *yihad* que ha desatado actos de terrorismo en diversas partes del mundo y en donde mueren miles de víctimas inocentes; la tragedia humana de la emigración producto de las guerras y la tragedia humanitaria que vivimos en varios países de América Latina como producto del narcotráfico y el crimen organizado entre otros.

Y ahora sí, frente a todo esto ¿Qué lugar tiene la reflexión filosófica? Como recordé en mi libro *Filosofía ¿para qué?*, la filosofía tiene múltiples funciones que históricamente han sido fundamentales para la búsqueda de una sociedad más justa. En algunos casos como los de la sustitución del ab-solutismo por el iusnaturalismo en el caso de Locke, han sido exitosos, pero en otros, como las utopías, no han sido posibles como en el caso de las cooperativas de Roberto Owen o el mundo amoroso de Fourier. A mi juicio, un importante ejemplo lo encontramos en la Ilustración francesa, ya que aquí los filósofos se dedicaron a plantear las instituciones que podrían substituir a la monarquía como en el caso de Montesquieu, quien propuso la tripartición del poder; el de Voltaire quien promovió la separación entre la Iglesia y el Estado con sus narraciones irónicas; el de Rousseau quien propuso la democracia directa o los enciclopedistas que consideraron que la sociedad debería estar dirigida por el pensamiento científico.

En la actualidad, la filosofía debería darse a la tarea de configurar las instituciones futuras que sustituirían a las ya caducas. Es por ello que me parece plausible la reflexión de Luis Villoro en el sentido de que es necesario abordar la crítica a la democracia liberal para configurar una nueva forma de entender la democracia que resulte de la democracia comunitaria y una nueva forma de entender el republicanismo, su teoría de la injusticia y la tesis de la pluralidad y diálogo intercultural. El filósofo debe acometer también el análisis ético de los grandes problemas de nuestro tiempo. Un caso tan terrible y dramático como la desaparición de los 43 estudiantes de la Normal de Ayotzinapa puede y debe ser abordado por la ética y la filosofía política, formulando preguntas por los valores y disvalores que se difunden entre la juventud sobre el narcotráfico y la drogadicción, así como por las formas mediáticas que la acompañan o el tipo de Estado que se ha generado a raíz de esta profunda distorsión. La filosofía tiene hoy muy diversas e importantes tareas por esclarecer en la medida en que nos encontramos en medio de una profunda crisis. La filosofía debe buscar, junto con las ciencias y la práctica, las mejores soluciones posibles para los problemas que nos aquejan.

3. Yo distinguiría tres aspectos: investigación, docencia y difusión. En el caso de la investigación la filosofía en México ha experimentado un gran crecimiento cuantitativo y cualitativo desde la década de los setenta a la fecha. Un índice son los congresos nacionales de filosofía organizados por la Asociación Filosófica de México y en donde se exponen todas las corrientes filosóficas desde 1975 (Morelia, Michoacán) hasta el último que se celebró en Chiapas a fines de 2016. En el primero yo colaboré tanto como miembro del comité organizador nacional, como responsable del comité local a propuesta del Rector de la UMSNH debido a la renuncia del director de la Facultad de Filosofía y Letras local. A este coloquio asistieron importantes filósofos que debatieron sobre tres grandes temas: la filosofía y la ciencia; la filosofía y las ciencias sociales y la filosofía latinoamericana. Se presentaron 60 ponencias y se firmó la declaración sobre "Filosofía y liberación". Fue un coloquio de gran trascendencia porque era la primera vez que convivían representantes de las más diversas corrientes filosóficas.

En el último Congreso que se llevó a cabo en el estado de Chiapas se presentaron más de mil ponencias y más de setenta libros. Ahora bien, este crecimiento se presenta en medio de una gran ausencia de diálogo entre corrientes filosóficas. Esta es una de las más importantes tareas que tiene la comunidad filosófica. El otro problema es la necesidad de que más allá de las necesarias reflexiones sobre autores clásicos, emprendamos un análisis de los grandes problemas de nuestro tiempo como señalé al principio. Sin embargo, existe otro problema más y es la necesidad de tender puentes entre la comunidad académica y el conjunto de la sociedad para que las reflexiones filosóficas no se queden limitadas a grupos pequeños en las universidades. Esta trascendencia de la reflexión filosófica puede fomentarse mediante un diálogo interdisciplinario, así como la conformación de instituciones estables de difusión filosófica como las que ha logrado la comunidad científica. Estas instituciones podrían tener el cometido de producir y divulgar materiales de interés para los diversos sectores de la población mostrando la necesidad e importancia de la filosofía.

Se debe también, a mi juicio, abandonar la labor reproductiva que es muy propia de países que han sufrido un largo colonialismo como el nuestro y dar paso a una actividad creativa. El profesor Luis Patiño y yo publicamos un libro colectivo que por primera vez (este hecho no deja de ser sintomático) reflexiona sobre los problemas de la difusión filosófica (*La difusión de la filosofía, ¿es necesaria?*, Ed. Torres, México, 2016) y que es un llamado a la toma de decisiones en esta área.

El otro problema es el de la docencia. La generación de mis maestros (Sánchez Vázquez, Villoro, Zea, Guerra, etc.) consideró que las escuelas de filosofía tendrían que formar "filósofos"; sin embargo, los egresados de las carreras hemos tenido como función principal la docencia en diversos niveles educativos. Es por ello que las facultades de filosofía en el país deberían tomar en serio esta disciplina. Fue ésta la razón por la cual promovimos la publicación del libro *La filosofía, una escuela de la libertad* (Unesco/UAM-I, México, 2009) y nos fue concedida la primicia mundial de hacerlo en español. En ese libro se expone la necesidad de enseñar la filosofía a los niños, a los adolescentes y a los adultos de todas las profesiones y oficios, mediante diferentes metodologías.

Pero además, a mi juicio, se requiere analizar la influencia de la filosofía en la educación, en las artes, la literatura y la política. Este análisis no se ha hecho en el caso de los programas educativos puestos en marcha por el Estado en las últimas décadas y tampoco hay una reflexión filosófica en los partidos en donde impera el pragmatismo. La filosofía bien entendida podría, a mi juicio, dar un mayor alcance a la política y a la educación.

4. Una primera preocupación que he tenido es la necesidad de practicar una autognosis sobre el decurso de la filosofía en la historia de México y en especial en el siglo XX. Esta reflexión nos puede arrojar luces sobre los caminos que ha seguido la filosofía, los callejones sin salida, para ubicar mejor nuestra reflexión y darle fuerza a nuestras tradiciones de pensamiento. Nuestra historia filosófica ha transcurrido en forma compleja y diversa. Parte de una crítica al paradigma positivista realizada por los filósofos del Ateneo de la Juventud (Caso, Vasconcelos, Henríquez Ureña, Reyes) a partir de una concepción ética de origen bergsoniano y estética inspirada en Plotino y otros; busca fundamentar la educación oficial en los años treinta y reflexiona sobre los rasgos de una cultura propia. Luego aborda el tema del mexicano desde la cultura y el psicoanálisis (Samuel Ramos), tema que retomarán desde otra perspectiva el Grupo Hiperión y Octavio Paz.

Luego tenemos el enriquecimiento cultural que han representado los exilios (centroamericano, español, alemán, argentino, chileno, brasileño, uruguayo y otros que han introducido temas y autores nuevos). El exilio español propició la difusión de los grandes filósofos alemanes, por ejemplo. El exilio argentino recuperó a Gramsci e impulsó la filosofía de la liberación. Tenemos también la lucha entre las tendencias analítica, metafísica, neokantiana, marxista, historicista, tomista. La influencia del estructuralismo y, en él, las concepciones de Althusser y los pensadores que conformaron su corriente. El postestructuralismo de Foucault y Derrida; el posmodernismo de Lyotard, Baudrillard y Jameson, entre otros. Y las diversas propuestas originales planteadas por O'Gormann, Nicol, Gaos, Villoro, Sánchez Vázquez, Eli de Gortari, Jaime Labastida, Enrique González Rojo, Bolívar Echeverría, Francisco Piñón, Enrique Dussel, Mauricio Beuchot, Carlos Pereda, Carmen Rovira, Juliana González y otros y otras.

Mi proyecto en marcha es realizar esta reflexión omnicomprensiva sobre la cual solo he mencionado algunos autores. Dentro de este proyecto fue que he impulsado la conformación, por primera vez, de la *Enciclopedia electrónica de la filosofía mexicana* que contiene importantes estudios de nuestros filósofos y filósofas realizados por especialistas. Y la creación del Centro de Documentación en Filosofía Latinoamericana e Ibérica de la UAM-I (www.cefilibe.org) que ha organizado conferencias, coloquios y debates sobre la filosofía mexicana.

El segundo gran tema es el desarrollo de la filosofía de la praxis a partir de una confrontación entre tres grandes creadores: Sánchez Vázquez, Lukács y Gramsci. Existen aquí una serie de problemas ontológicos como la propuesta por Lukács de un mundo inorgánico, orgánico y social; una teoría del conocimiento que ponga en el centro la praxis; problemas de la concepción específica de la filosofía y las temáticas de la filosofía política como las relaciones entre ética y política, las ideologías, una nueva concepción del socialismo y una nueva teoría de la democracia.

Finalmente, en virtud de que en el 2008 el gobierno de aquel momento, mediante un acto que no podemos calificar de otro modo que "bárbaro", eliminó las disciplinas filosóficas de la educación media superior y aplicó un programa de carácter tecnocrático, un grupo de profesores e investigadores conformamos el Observatorio Filosófico de México que desarrolló una lucha muy intensa que tuvo como resultado que no solo se reintegraran las disciplinas filosóficas, sino que se conformara el área disciplinar de las humanidades. Todo esto me ha llevado a estudiar las razones por las que el sistema neoliberal pretende, en forma silenciosa (Martha Nussbaum), eliminar a la filosofía y a las humanidades de la educación. Es por ello que he publicado una serie de trabajos al respecto (*Filosofía ¿para qué?*, UAM-I, México, 2014, primera reimpresión). Actualmente preparo una nueva edición de dicho libro agregando los temas de la interdisciplinariedad; las relaciones entre filosofía y sociedad y la incidencia de la filosofía en la política.

Los autores

Gabriel Amengual Coll. Profesor de filosofía y teología. Autor de *La moral como derecho. Estudios sobre la moralidad en la filosofía del derecho de Hegel* (Madrid: Trotta, 2001), *Antropología filosófica* (Madrid: BAC, 2007), *La persona humana. El debate sobre su concepto* (Madrid: Síntesis, 2015).

Ronald Beiner. Profesor de ciencia política y editor. Autor de *Liberalism, nationalism, citizenship: Essays on the problem of political community* (Vancouver: UBC Press, 2002), *Civil religion: a dialogue in the history of political philosophy* (Nueva York: Cambridge University Press, 2011), *Political philosophy: What it is and why it matters* (Nueva York: Cambridge University Press, 2014).

Mauricio Beuchot Puente. Profesor y miembro de la Academia Mexicana de la Lengua. Autor de *Hermenéutica analógica, símbolo y ontología* (México: UAEM, 2010), *La filosofía en México. Problemas teóricos e históricos* (México: UNAM, 2011), *Historia de la filosofía medieval* (México: FCE, 2013).

John Dunn. Profesor Emérito. Autor de *The political thought of John Locke* (Cambridge: Cambridge University Press, 1969), *La teoría política de Occidente ante el futuro* (México: FCE, 1981) y *Libertad para el pueblo. Historia de la democracia* (México: FCE, 2014).

Otfried Höffe. Profesor y Director de investigación en filosofía política. Autor de *Justicia política. Fundamentos para una filosofía crítica del derecho y del Estado* (Barcelona: Paidós, 2003), *Ciudadano económico, ciudadano del Estado, ciudadano del mundo. Ética política en la era de la globalización* (Madrid:

Katz, 2007) y *El proyecto político de la modernidad* (Buenos Aires: FCE/UAM-I, 2008).

María Pía Lara Zavala. Profesora-Investigadora. Autora de *La democracia como identidad ética* (Barcelona: Anthropos, 1992), *Moral textures, feminists narratives in the public sphere* (Cambridge: Polity, 1998), *Narrar el mal. Una teoría postmetafísica del juicio reflexionante* (Barcelona: Gedisa, 2009).

Sergio Pérez Cortés. Profesor-Investigador. Autor de *Karl Marx. Invitación a su lectura* (México: UAM-I, 2010), *La razón en la historia. Hegel, Marx, Foucault* (México: UAM-I, 2013), coautor de *El telos de la modernidad. Dos estudios sobre la filosofía política de Hegel* (México y España: Gedisa/UAM-I, 2014).

Francisco Piñón Gaytán. Profesor-Investigador. Autor de *Mestizaje cultural y tradiciones de poder* (México: UAEMex, 2013), *La modernidad de Gramsci. Política y humanismo* (México: Centro de Estudios Sociales Antonio Gramsci, 2016) y coordinador de *Religión y política en Hegel. A 200 años de la Fenomenología del Espíritu* (México: UAM-I/Centro de Estudios Sociales Antonio Gramsci, 2007).

Viridiana Platas Benítez. Profesora y Jefa de carrera. Autora de *El monismo vitalista y la filosofía de la modernidad temprana* (México: Editorial Jitanjáfora, 2007) y coordinadora de *Filósofas de la modernidad temprana y la Ilustración. Homenaje a Laura Benítez y José Antonio Robles* (Xalapa: Universidad Veracruzana, 2014).

Jorge Rendón Alarcón. Profesor-Investigador y Coordinador de la licenciatura. Autor de *La sociedad dividida. La sociedad política en Hegel* (México: Fontamara, 2008), coautor de *El telos de la modernidad. Dos estudios sobre la filosofía política de Hegel* (México y España: Gedisa/UAM-I, 2014), coordinador de *Luis Villoro. Filosofía, historia y política* (México y España: Gedisa/UAM-I, 2016).

Roberto R. Aramayo. Profesor de Investigación, traductor y editor. Autor de *Cassirer y su neo-ilustración* (Madrid: Plaza y Valdés, 2009), *Rousseau. Y la política hizo al hombre (tal como es)* (Barcelona: Bonalletra Alcompas, 2015), *Voltaire. La ironía frente al fanatismo* (Barcelona: Bonalletra Alcompas, 2015).

Gabriel Vargas Lozano. Profesor-Investigador. Autor de *Más allá del derrumbe. Socialismo y democracia en la crisis de civilización contemporánea* (México: BUAP/Siglo XXI, 1994), *Intervenciones filosóficas: ¿Qué hacer con la filosofía en América Latina?* (Toluca: UAEM, 2007), *Filosofía ¿para qué? Desafíos de la filosofía para el siglo XXI* (México: UAM-I, 2012).

www.ingramcontent.com/pod-product-compliance
Lightning Source LLC
LaVergne TN
LVHW051539170726
843492LV00006B/1852